RAM ADHAR MALL

DER HINDUISMUS

RAM ADHAR MALL

DER HINDUISMUS

Seine Stellung in der Vielfalt
der Religionen

PRIMUS
VERLAG

Einbandgestaltung: Jutta Schneider, Frankfurt

Einbandbild: Hindus bei rituellen Waschungen am Ganges, AKG

Die Deutsche Bibliothek – CIP-Einheitsaufnahme

Mall, Ram Adhar:
Der Hinduismus: seine Stellung in der Vielfalt der Religionen / Ram Adhar Mall. – Darmstadt: Primus Verl., 1997
ISBN 3-89678-057-3

Gedruckt auf säurefreiem und alterungsbeständigem Werkdruckpapier
Printed in Germany

ISBN 3-89678-057-3

Wenn je eine solche Katastrophe über die Menschheit hereinbrechen sollte, daß eine einzige Religion alles überschwemmte, dann müßte Gott für eine zweite Arche Noah sorgen, um seine Geschöpfe vor seelischer Vernichtung zu retten.

R. Tagore (in Übers. von G. Mensching)

Einheitlichkeit ist nicht das Ideal, und der Monismus überzeugt nicht. Der Pluralismus – gestehe ich – dringt ins Herz der letzten Realität.

R. Panikkar (übersetzt vom Vf.)

INHALT

Anhang

VORWORT

Der Titel des Buches legt mehrere Auffassungen nahe: Zunächst handelt es sich um eine allgemeinverständliche, in den religiösen Schriften der Hindus verankerte und religionswissenschaftlich begründete Darstellung des Hinduismus. Ferner geht es um die Konzeption einer Interreligiosität, die als eine meta-religiöse Grundhaltung ein alle Religionen übergreifendes und die Religionen begleitendes Ethos darstellt. Dieses Ethos zielt als eine Gesinnung auf eine Förderung der Ökumene der Weltreligionen. Dabei ist die innerkonfessionelle, innerreligöse Ökumene weniger wichtig als die interreligiöse. Die interreligiöse Einstellung hilft uns, die an sich hausgemachte Angst, Ökumene verwässere die Ernsthaftigkeit des eigenen Glaubens, zu überwinden. Die Interreligiosität bestärkt das Festhalten am eigenen Glauben, ohne dabei sich von den anderen Glaubensformen abwertend abwenden zu müssen. Die Interreligiosität ist selbst keine Religion. Sie ist vielmehr eine ethisch-religiöse Haltung, die den Geist der religio perennis in verschiedenen Religionen und Glaubensformen wehen läßt, die grundsätzliche Ähnlichkeiten und erhellende Differenzen zeigen. In diesem Sinne plädiert die so verstandene Ökumene der Weltreligionen zwar für die Einheit, aber nicht für Einheitlichkeit. Sie differenziert unter den Religionen, diskriminiert jedoch nicht.

Bei der Darstellung des Hinduismus hat der Verfasser das eine Ziel als Ideal vor Augen gehabt, jenseits aller billigen Apologetik und voreiligen Kritik die wesentlichen Lehren des Hinduismus kurz darzulegen, besonders im Hinblick auf eine heute sehr nottuende Ökumene der Weltreligionen. Wie weit er diesem Ziel näher gekommen ist, kann und soll der Leser selbst entscheiden.

Um dieses Ziel zu erreichen, geht der Verfasser von einer analogen Unterscheidung aus, die es heute in der Computertechnologie gibt: „Hardware“ und „Software“. Er hat den Hauptwert auf die Software des Hinduismus gelegt und die Hardware entweder aus den verschiedenen Gründen außer acht gelassen oder nur als die äußeren Zwiebelschalen kurz erwähnt.

Die Autoren unzähliger Bücher über den Hinduismus gehen von einem Hinduismus aus, der alles und nichts enthält. Sie sehen in dem

Hinduismus einen Selbstbedienungsladen und holen das heraus, was sie für richtig und wesentlich halten. Oft begegnet man in den Darstellungen einer Art Vulgärhinduismus, der als der populäre Hinduismus viele Götter, Götzen, alle Arten von Wiedergeburten, Kuhverehrung und die vielen Abarten des Kastenwesens kennt. Von den Veden bis hin zu dem Neohinduismus gibt es diese verwirrende Vielfalt im hinduistischen Pantheon, die alleine jedoch den eigentlichen Hinduismus nicht erklärt.

Andere Religionen, insbesondere das katholische Christentum unter der päpstlichen Autorität, haben auf den Konzilien Festlegungen getroffen hinsichtlich der wahren und der falschen bzw. nicht zum Wesen der Religion gehörenden Faktoren. Es geht um die Unterscheidung von apokryphen und kanonischen Schriften. Erstere wurden als unecht und nicht zum Kanon gehörig auf den Konzilien der Christen eingestuft.

Eine solche Unterscheidung hat es im Hinduismus nie gegeben, konnte es auch nicht geben, da es keine der päpstlichen vergleichbare Instanz gab. Der Verfasser hat sich hier in aller Demut erlaubt, eine solche Unterscheidung von apokryphen und kanonischen Schriften vorzunehmen, um Wesentliches von Unwesentlichem zu trennen.

Die folgenden Merkmale gehören nicht wesentlich zum Hinduismus: Polytheismus, die vielen fast konträren Schöpfungsmythologien, das krakenartig wuchernde Kastenwesen u. a. Das Wesentliche des Hinduismus sehen wir in dem Rigvedischen Satz von dem einen wahrhaft Göttlichen mit vielen Namen. Wir haben versucht, von dem vedischen Hinduismus bis hin zum Neohinduismus die vielfältigen Anwendungsformen dieser urvedischen Haltung aufzuzeigen.

Der Hinduismus ist eine Weltreligion (die drittgrößte nach dem Christentum und Islam) nicht in erster Linie durch die große Zahl seiner Anhänger, gemessen an der Weltbevölkerung, sondern vor allem aufgrund seiner dem Geist der Ökumene entgegenkommenden Haltung. In diesem Sinne kann der wahre Hinduismus ein Raster liefern für die Möglichkeit eines interreligiösen Gesprächs.

Die tiefe Einsicht, daß die eine göttliche Wahrheit keine Sprache, keine Tradition, keine Rasse privilegiert und niemandes Besitz allein ist und in verschiedenen Seelen verschieden leuchtet, ist selbst keine bestimmte Religion, die man sein eigen nennen kann. Diese Einsicht ist wie ein Schatten, der alle konkreten Gestalten der positiven Religionen begleitet und zugleich verhindert, daß sich irgendeine in den absoluten Stand setzt. Daß es viele Religionen, Glaubensformen gibt, ist nicht nur eine menschliche Tatsache, sondern auch Gottes Wille. Nur wer so das Göttliche denkt, verehrt und liebt, kann die Anmaßung erkennen, die in der verabsolutierenden Beanspruchung des Göttlichen durch menschliche Instanzen besteht.

Der Verfasser möchte an dieser Stelle den vielen Gesprächs- und Diskussionspartnern seinen Dank aussprechen. In seinem interkulturellen und interreligiösen Dasein wurde der Verfasser durch die expliziten und impliziten Fragen der Diskussionspartner immer wieder veranlaßt, den Hinduismus sympathisch, aber kritisch neu zu analysieren, zu deuten, zu verstehen und zu erfahren. Für die gute Zusammenarbeit mit dem Verlag, vor allem mit Herrn Bruno Frisch, möchte ich an dieser Stelle herzlich danken.

Der Leser möge einsehen, daß an einigen Stellen kurze Wiederholungen notwendig waren, weil diese der Klärung eines neuen Zusammenhangs dienten.

R. A. M.

ZUR TRANSKRIPTION UND AUSSPRACHE

Um der Lesbarkeit willen, die Aussprache zu erleichtern und das Verstehen zu erleichtern, wurden komplizierte diakritische Zeichen, soweit wie möglich, vermieden. Eine begründete Ausnahme bildet das Längenzeichen auf Vokalen: ¯. Das a mit dem Längenzeichen ¯: ā wird ausgesprochen wie der Vokal im Wort wagen. Das a ohne Längenzeichen entspricht dem Vokal in dem Wort Sack.

Im Sanskrit werden z. B. die Konsonanten m (mit einem Punkt unten oder oben), s (mit einem Betonungszeichen oben oder einem Punkt unten) und r mit einem Punkt unten unterschieden. Die Schreibweise wurde vereinfacht. M mit einem Punkt darüber nasaliert den vorangehenden Vokal. S mit einem Betonungszeichen steht für einen Zischlaut zwischen sh und sch, im Text geschrieben wie bei Shamkara. R mit einem Punkt unten wird heute wie ri ausgesprochen und wie im Wort Rigveda geschrieben.

Das c wird wie tsch (Cello) gesprochen, j wie im Englischen bei John. Das v wird wie im Deutschen w ausgesprochen: Veda wird weda gesprochen.

Die aspirierte Aussprache eines Konsonanten mit einem h am Ende ist schwer nachvollziehbar und wurde vernachlässigt. Ebenso wurden die Kakuminallaute (Retroflexe), die mit einem Punkt unter den Buchstaben versehen werden, nicht von den Dentallauten t, d, th, dh und n unterschieden.

EINLEITUNG

Der Hinduismus ist eine der ältesten lebenden Religionen der Welt. Als Sanātana Dharma, d. h. ewige Religion, hat er keinen datierbaren Anfang. Ebensowenig hat er einen singulären Stifter. Er begreift sich als eine Religion, die den weisen Sehern, den Rishis, zuteil geworden ist. Mit anderen Worten, der Hinduismus ist keine prophetische Religion und auch keine Stifterreligion. In diesem Sinne ist er doch eine eigenartige Religion.

Der Hinduismus ist nicht entstanden in der Art einer homogenen Religion. Er hat sich vielmehr organisch und spontan entwickelt mit all den Vor- und Nachteilen, die eine solche Entwicklung notwendigerweise begleiten. Daher schleppt der Hinduismus auch einen großen Ballast von oberflächlichen Merkmalen mit sich, die nicht zu seinem Kern gehören und ihn kritikfähig und -bedürftig werden lassen. Daher hat man den Hinduismus mit einem Baum verglichen, der sich allmählich entwickelt hat, und nicht mit einem Gebäude, das von einem bestimmten Architekten zu einer bestimmten Zeit geplant, entworfen und errichtet wurde.[1]

Zur enzyklopädischen Geschichte des Hinduismus gehören nicht nur die Ārier, sondern auch die Draviden und andere urindische Ethnien. Selbst das Wort „Hindu" ist nicht indischen Ursprungs. Dieses Wort für die Bewohner Indiens verdanken wir in erster Linie den Persern, welche die am Sindhu – einem Fluß im Nordwesten Indiens – wohnenden Menschen als Hindus bezeichneten. Die Wohnstätte der Hindus nannten sie entsprechend Hindustān.

Eine fast unübersehbare heilige, semi-heilige und auch unheilige Literatur und eine reiche, bunte Traditionsfolge mit einer verwirrenden Vielfalt von Mythologien lassen das Unternehmen, den Hinduismus zu definieren, fast unmöglich erscheinen. Zu den Schriften des Hinduismus gehören u. a. die folgenden: die Veden, die Upanishaden, die Purānas (Legenden über Götter, Schöpfung u. dgl.), die Dharma Sutras (die Dharma-Aphorismen), die Dharma-Shāstras (die heiligen Schriften über Dharmas), Rāmāyana und Mahābhārata. Auch wenn die Veden, die Upanishaden und Gitā die größte Auto-

[1] Vgl. Tiwari, K. N.: Comparative Religion, Delhi 1987, S. 8.

rität für die gläubigen Hindus darstellen, kann keine Schrift für sich allgemeinverbindliche, exklusive Anerkennung beanspruchen. Der Satz, es gäbe so viele Arten von Hinduismus, wie es Hindus gibt, ist zwar maßlos übertrieben, aber nicht ganz falsch. Der Vergleich mit dem Dschungel bietet sich hier an.

Aus dem Gesagten folgt, daß der Hinduismus von seiner Anlage her nicht in das Korsett einer strengen, einheitlichen, mit dogmatischen Prinzipien untermauerten Religion paßt. Unter den Hindus befinden sich Anhänger des Polytheismus bis hin zum Atheismus. Einer der Gründe dafür ist, daß Religion im eigentlichen Sinne einen Weg zur Erlösung, zur Befreiung darstellt. Es ist minder wichtig, wie dieser Weg gestaltet wird, ob er über Poly-, Monotheismus oder gar über den atheistischen Humanismus führt. Viel wichtiger ist das Ziel der Erlösung. Wenn es wahr ist, daß keine Religion eindeutig definierbar ist, dann ist dies am wahrsten im Falle des Hinduismus.

Es gibt immer noch einige westliche Indologen, Gelehrte und Theologen, die dem Hinduismus das Prädikat, eine Religion zu sein, absprechen. Sie sagen, der Hinduismus habe keine klar umrissene Grenze, keine eindeutigen Dogmen und keine kohärente Organisation. Dieser Kritik liegt ein bestimmter Typus der Religion zugrunde. Der Indologe Paul Hacker sieht im Hinduismus eine inklusivistische Intoleranz und weist in der Hauptsache auf die fast nur institutionell bedingte Diskriminierung im Kastenwesen hin.[2] Mit Recht weisen die beiden namhaften Indologen und Religionswissenschaftler, Mensching und von Glasenapp, diese Lesart des Hinduismus zurück. Nach Mensching besitzt der Hinduismus schon im Ansatz die Toleranzidee, während sich diese Idee im Christentum „gegen den Widerstand der christlichen Führer und Institutionen durchsetzen mußte, soweit sie sich überhaupt bereits durchgesetzt hat“[3]. Helmut von Glasenapp meint zu Recht, daß sich hier und da im Hinduismus Stellen ausfindig machen lassen, die dessen Weitherzigkeit verdunkeln. Dennoch gelangt er in seinem Aufsatz ›Toleranz und Fanatismus in Indien‹, Schopenhauer Jahrbuch 1960, zu folgendem Urteil: „In der Tat unterscheidet der tolerante Geist der religiösen Inder … sich sehr wesentlich von der Art und Weise, in welcher Christentum

[2] Vgl. Hacker, P.: Religiöse Toleranz und Intoleranz im Hinduismus, in: Saeculum, VIII, 1957.

[3] Mensching, G.: Toleranz und Wahrheit in der Religion, Hamburg 1955, S. 81.

und Islam sich mit den Lehren Andersgläubiger auseinandersetzen."[4]

H. von Stietencron, ein hervorragender Kenner der indischen Kultur, setzt in einer kaum veränderten Form die Hackersche Lesart des Hinduismus fort und meint, Hinduismus sei eine Erfindung der Europäer und ein Kollektiv von Religionen.[5] Eine solche Lesart ist entweder zu formalistisch, weil sie per definitionem festlegt, was als Religion zu gelten hat, oder sie hebt einen bestimmten Typ der Religion in den absoluten Stand. Solche Feststellungen sind inhaltsleer und helfen nicht weiter.

Das heutige Angesprochensein der Religionen macht deutlich, daß es nicht darum geht, ob die Theologen unterschiedlicher Traditionen sich gegenseitig den Titel streitig machen. Der Indologe und Philosoph Halbfass hat sich gründlich mit solchen Ansichten auseinandergesetzt. Er urteilt zu Recht: „The West has imposed its methods of research, its values and modes of orientations, its categories of understanding, its ›epistemic absolutism‹ upon the Indian tradition and alienated the Indians from what they really were and are ... The self-abrogation of Eurocentrism is at the same time its ultimate affirmation."[6]

Die große Mehrheit der westlichen Indologen und Theologen hat die indischen Religionen fast im Geiste einer szientistischen Methodologie, Philologie und Epistemologie zum Gegenstand einer wissenschaftlichen Untersuchung gemacht, dabei aber völlig außer acht gelassen, wie die Inder ihre eigene Tradition, Kultur und Religion interpretiert haben.[7]

Es gibt wohl eine einzige religiöse Wahrheit, die der Vielheit der Religionen zugrunde liegt. Der Hinduismus verlangt, daß von den Propheten und Gottesinkarnationen im Plural gesprochen wird. So wie keine Religion *die* Religion darzustellen vermag, ist kein Prophet *der* Prophet. Selbst in seinen ārischen Anfängen war der Hinduismus nicht von missionarischem Eifer begleitet. Denn die Ārier haben die Nicht-Ārier nicht so sehr bekehrt, als vielmehr vorārische Elemente in ihre religiöse Anschauung aufgenommen.

[4] Zit. in: G. Mensching: Toleranz und Wahrheit in der Religion, S. 81.

[5] Vgl. Küng, H., und Stietencron, H. v.: Hinduismus, München 1987, S. 25 ff.

[6] Halbfass, W.: Tradition and Reflection: Explorations in Indian Thought, New York 1991, S. 12.

[7] Vgl. Mehta, Y. L.: India and the West: The Problem of Understanding, California 1985, S. 183.

Man hat oft behauptet, daß man, um Hindu sein zu können, einer Kaste angehören müsse. Diese Lesart des Hinduismus stimmt nicht; denn anfänglich stellten die Kasten lediglich Berufsbezeichnungen dar. Die vielen neohinduistischen Lehren verneinen ausdrücklich die Kastenzugehörigkeit als etwas für den Hinduismus Wesentliches: Man kann auch dann ein Hindu sein, wenn man an dem Kastenwesen nicht festhält. Neben dem Glauben an die Veden gibt es andere Überzeugungen, die für denjenigen verbindlich sind, der sich zum Hinduismus bekennt: Dies kann der Glaube an die Unsterblichkeit der Seele, an das Karma-Gesetz oder an die prinzipielle Möglichkeit der Erlösung sein, in welcher Form auch immer.

Mögliche andere Wesenszüge, die die Zughörigkeit zum Hinduismus charakterisieren, sind die folgenden:

1. Ein Hindu ist tief davon überzeugt, daß sein Weg einer der Wege zur Erlösung und Gottesrealisation ist.

2. Die polytheistische Vielfalt trägt eigentlich nur symbolischen Charakter. Die vielen Götter selber stellen nur die Wegmarken auf der langen Reise mit dem Ziel der Erlösung dar.

3. Der Glaube an die Veden ist ein wichtiges und wesentliches Merkmal eines Hindu.

4. Ein gläubiger Hindu geht davon aus, daß allen weltlichen, mundanen und materiellen Dingen und Ereignissen eine übernatürliche, spirituelle, ewige Kraft zugrunde liegt. Das, was den ganzen Kosmos trägt, trägt auch den Menschen, und nicht umgekehrt.

5. Folgerichtig glaubt dann auch ein Hindu an einen unsterblichen Kern in ihm, an eine Transmigration dieses Kernes über den Tod hinaus.

6. Die Kraft, die diese Transmigration regelt, ist eine moralische Kraft und trägt den Namen Karma-Gesetz.

7. Prinzipiell ist es möglich, dieses Kommen und Gehen zu beenden. Mit anderen Worten, die Kette der Wiedergeburten kann durchbrochen werden. Hierzu ist es wichtig, daß der ethische Kern des Karmas wirksam wird. Denn Karmas binden uns an die Welt, aber ebenso befreien sie uns von der Bindung, wenn sie so rein, so sauber, ethisch und moralisch sind, daß sie keine Schatten mehr werfen.

8. Jeder Hindu glaubt an eine Wesensverwandtschaft zwischen der menschlichen und göttlichen Seele. Es mag hinsichtlich der Art und Weise dieser Verwandtschaft verschiedene Ansichten geben.

Aus dem Gesagten folgt, daß der Hinduismus von seiner Anlage her keine missionarische Religion sein kann; denn ein gläubiger Hindu sieht in dem anderen nicht bloß ein Spiegelbild des eigenen

Selbstverständnisses hinsichtlich des Religiösen, sondern er ist tief davon überzeugt, daß der andere anders als er auf dem Wege zu Gott ist. Einem Hindu erscheint es als eine Vermessenheit, wenn der Mensch meint, das eine Unbekannte durch eine bestimmte Namensgebung für sich allein beanspruchen zu können. Die Wahrheit des Andersgläubigen widerfährt uns unvermittelt. Wer die Farbe der eigenen Brille zu der einzigen Farbe macht, sieht nur ein von ihm gefärbtes Ding und nicht das Ding, das er meint sehen zu können; andernfalls müßte er bereit sein, die gottgewollte Buntheit sehen zu wollen.

Zu glauben, daß man auf dem richtigen Weg ist, ist jedem Gläubigen erlaubt. Aber zu glauben, daß der andere sich auf dem falschen Weg befindet, ist anmaßend, hochmütig und stellt eine Gotteslästerung dar. Glauben und glauben lassen, beten und beten lassen sind Grundhaltungen, die den ökumenischen Geist unter den Weltreligionen beseelen. Diese Haltung selbst ist wiederum keine Religion; sie vermittelt dem Geist die inhaltliche Toleranz, die alle Religionen begleiten, leiten und lenken soll.

Auf die heute oft gestellte Frage, ob der Hinduismus doch nicht im Namen des Sanātana Dharma, d. h. der einen ewigen Religion, einen Inklusivismus betreibe, antwortet der Autor: „Nein." Als Begründung wird angeführt, daß der konkrete Hinduismus ähnlich wie die anderen positiven Religionen eine bestimmte Art des Sanātana Dharma darstellt und in diesem nicht aufgeht. Ein Hinduismus, der sich mit ihm deckungsgleich wähnte, verriete seinen Grundsatz, daß das Eine viele Namen trägt. Gewiß gibt es manche Hinduschriften, die die andere Meinung vertreten. Wir können uns aus den dargelegten Gründen einer solchen Meinung nicht anschließen, zumal sie ja auch in der Auslegung als ewiger Religion einem interreligiösen Gespräch kaum dienlich wäre.

Vielmehr vermag der Hinduismus für sich den überkonfessionellen, toleranten Gedanken in Anspruch zu nehmen, daß es mehrere Wege zur religiösen Seligkeit gibt. Der Ausdruck Dharma wird in den beiden Komposita in doppeltem Sinne verwendet: Sanātana Dharma und Hindu-Dharma. Sanātana Dharma geht im Hindu-Dharma nicht ganz auf, ebensowenig in irgendeiner anderen Religion. Sanātana Dharma ist selbst nicht eine Religion. Als ewige Religion steht er als eine urreligiöse Haltung hinter allen Religionen fast wie eine Meta-Religion. Der Terminus Dharma bedeutet wörtlich: tragen, halten und steht für die Grundlage der menschlichen Ethik und Moral. Darüber hinaus heißt Dharma die ewige Ordnung, die dem kosmischen Geschehen zugrunde liegt. Die Hindus verstehen den Begriff Dharma in seinen beiden Bedeutungen.

Gandhi bezeichnete sich selbst als sanātani Hindu, akzeptierte jedoch auch die Wahrheit anderer Religionen. Freilich gibt es Hindus und Hindu-Schriften, die sogar das Kastenwesen zum wesentlichen Bestandteil des Hinduismus machen. Der Verfasser möchte hier Gandhi zustimmen. Er sagt: „Mein Glaube an die hinduistischen Schriften zwingt mich nicht, jedes Wort und jeden Vers als Ausfluß göttlicher Eingebung anzuerkennen … Ich lehne es ab, mich durch irgendeine Auslegung binden zu lassen, so gründlich sie auch sein mag …“[8]

Dem Ziel Religionsfrieden dient die Entwicklung und die Anwendung der interreligiösen Einstellung, die wir im Vorwort kurz erwähnten und hier erläutern wollen. Interreligiosität ist erstens nicht der Name einer bestimmten religiösen Tradition, sei sie hinduistisch oder nicht hinduistisch. Sie ist zweitens auch nicht ein Eklektizismus der verschiedenen Religionen – dann wäre sie ein Kunstgebilde ohne Fleisch und Blut. Interreligiosität ist drittens auch nicht eine bloße Reaktion auf das Vorhandensein verschiedener Religionen. Sie ist viertens auch nicht eine bloße Hilfskonstruktion angesichts der pluralistischen Theologie der Religionen. Ferner ist sie fünftens nicht eine Ästhetisierung.

Positiv beschrieben ist Interreligiosität erstens der Name einer religiösen Grundüberzeugung, die das eine Wahre der religio perennis in vielen Religionen hörbar macht und diese wie ein Schatten begleitet und verhindert, daß irgendeine dieser Religionen sich in den absoluten Stand setzt. Interreligiosität ermöglich zweitens einen befreienden Diskurs unter den Religionen und weist die Angst als unbegründet und hausgemacht zurück: Interreligiosität dekonstruiere Begriffe wie Religion, Gott, Sünde oder Erlösung. Interreligiosität plädiert drittens für eine Gleichberechtigung der Religionen, unabhängig davon, ob diese zur Kategorie der Offenbarungsreligionen gehören oder nicht. Die These von der Gleichberechtigung der Religionen ist jedoch nicht notwendigerweise mit einer Wertgleichsetzung verbunden. Interreligiosität lehrt uns viertens, zwischen dem religiösen Gegenstand der Interpretation und den Interpretationen des religiösen Gegenstandes zu unterscheiden. Wie sonst könnte das Eine mit vielen Namen belegt werden? Interreligiosität ist fünftens die Einsicht in die zu glaubende Notwendigkeit, die Vielfalt der

[8] Zit. in: Zaehner, R. C.: Hinduismus, München 1962, S. 180.

Religionen und Glaubensformen nicht nur als eine säkulare, sondern auch als eine gottgewollte Sache anzusehen. Die Absolutheit, die Universalität und die Allgemeingültigkeit des einen Wahren zeigen sich so in verschiedenen Religionen, transzendieren diese jedoch auch. Interreligiosität bedeutet daher sechstens eine Einheit des Glaubens ohne Einheitlichkeit.[9]

Es gehört zur Ethik und Moral des grundlegenden interreligiösen Ethos, daß jeder Gläubige in seiner jeweiligen Glaubensform die unmittelbare Präsenz des Numinosen erfährt, ohne Angst oder Groll darüber zu empfinden, daß andere Gläubige sie ebenso erfahren. Daher müssen voreilige Typisierungen der Religionen vermieden werden. Versuche, Religion und Glauben voneinander zu trennen, helfen auch nicht weiter, weil sie entweder einer A-priori-Bestimmung gleichkommen oder in einer Hochmutsgeste eine bestimmte Glaubensform paradigmatisch singularisieren.

[9] Vgl.: Mall, R. A.: Interkulturalität und Interreligiosität, in: Verantwortlich leben in der Weltgemeinschaft. Zur Auseinandersetzung um das Projekt „Weltethos“, hrsg. von: Rehm, J., Gütersloh 1994, S. 61 ff.

1. Kapitel

DER VEDISCHE HINDUISMUS

Ekam sad, viprā bahudhā vadanti.
(Das Wahre ist das Eine. Die Weisen benennen es verschieden.)
Rigveda

Die heiligen Schriften

Die indische Religiosität basiert auf einer produktiven Einheit verschiedener Kulturen, Rassen und Sprachen. Religion stellt für die Inder den innersten Kern der Selbst- bzw. Gotteserfahrung dar und ist eine Angelegenheit des Herzens. Religion als Kult, Kirche, Tempel bildet die äußere Schale. So wie die Regentropfen, die vom Himmel fallen, über die vielen Flüsse in den Ozean fließen, so erreichen die verschiedenen Gebete, die an die vielen Götter gerichtet sind, den einen Gott.

Es gibt keine eindeutige Bestimmung der sakralen Literatur der Hindus. Es hat keine Konzilien gegeben, die dies hätten allgemein verbindlich regeln können. Dennoch gelten zwei Gruppen von Schriften im allgemeinen als sakral und verbindlich: Diese sind shruti und smriti.

Shruti bedeutet das, was unmittelbar gehört, vernommen, geoffenbart worden ist. Die vier Veden, auch einige Upanishaden gehören dazu. Diese Schriften können die Offenbarungsschriften der Inder genannt werden. Sie haben jedoch keinen menschlichen Autor.

Smriti bedeutet das Erinnerte, das, was sich als Tradition zeigt. Die verschiedenen Shāstras, wie z. B. das Gesetzbuch des Manu, die Purānas (die Schöpfungsgeschichten, die Göttererzählungen und die Berichte von der Gottesliebe) und die gewaltige tāntrische Literatur gehören zu den Smritis. Ein Vergleich mit den beiden Quellen des Christentums bietet sich hier an: Traditio und Scriptura.

So wie der Christ die Bibel, der Buddhist die Tripitak (der Dreikörbekanon der ursprünglichen buddhistischen Schriften), der Muslim den Koran, der Jude die Thora, um nur einige Beispiele zu nennen, sieht auch der gläubige Hindu die Veden und die Upanishaden als die ewige Botschaft des Göttlichen an.

Unter den heute noch lebendigen Religionen ist der Hinduismus die einzige, die fast alle Ausdrucksformen des religiösen Lebens enthält – angefangen vom sogenannten Polytheismus über den Monotheismus bis hin zum Monismus. Nicht zu Unrecht sieht daher der deutsche Indologe und Religionswissenschaftler von Glasenapp im Hinduismus eine Enzyklopädie aller Religionen. Dies heißt nicht, daß der Hinduismus, wie das diesem Kapitel vorangestellte Motto von dem einen Wahren mit vielen Namen gedeutet werden könnte, bloß ein Synkretismus sei. Die umgreifende Einheit, die dem hinduistischen religiösen Denken zugrunde liegt, geht in keiner dogmatischen Lehrauffassung auf; sie begleitet eher die verschiedenen religiösen Gestalten als ein Schatten und hindert diese daran, sich in den absoluten Stand zu versetzen. Daher muß der oben zitierte vedische Satz dahingehend verstanden werden, daß der Pluralismus der Religionen ein wesentlicher Bestandteil der göttlichen Botschaft ist. Damit ist der religiöse Pluralismus gottgewollt. Sehr poetisch und einprägsam drückt dies der indische Dichterphilosoph Tagore aus: „Wenn je eine solche Katastrophe über die Menschheit hereinbrechen sollte, daß eine einzige Religion alles überschwemmte, dann müßte Gott für eine zweite Arche Noah sorgen, um seine Geschöpfe vor seelischer Vernichtung zu retten."[1] Diese deutlichen Worte sprach Tagore bei seiner Eröffnungsrede vor dem Parlament der Religionen in Kalkutta im Jahre 1937.

Das Wort Veda bedeutet Wissen, ein göttliches spirituelles Wissen, das einem zuteil wird. Es geht hier nicht in erster Linie um ein geschriebenes Wort, sondern um ein gehörtes. Eigentlich geht es um eine ungeschriebene Lehre, die dem Weisen, dem Seher geoffenbart wurde. Freilich sind die Vedas auch schriftlich niedergelegte Bücher. Jedoch geht dem Geschriebenen das Gehörte voraus.

Dem Umfang nach sind die Veden viel größer als die Bibel oder der Koran. Es gibt vier Veden: 1. den Rigveda (den Veda der Verse), 2. den Sāmaveda (den Veda der Lieder), 3. den Yajurveda (den Veda der Opfersprüche) und 4. den Atharvaveda (den Veda der mystischen Praktiken).

Oberflächlich betrachtet wimmelt es im Hinduismus von Göttern, und diese Götter stellen nicht nur Deifikationen der Naturkräfte dar, sondern auch der psychischen Eigenschaften. Diesem sogenannten vedischen Polytheismus liegt jedoch die grundsätzliche Überzeugung

[1] Zit. in: Mensching, G.: Toleranz und Wahrheit in der Religion, München 1955, S. 178.

zugrunde, daß diese Vielheit im Grunde genommen eine Vielfalt der Namen darstellt. Die verschiedenen Götter werden bis heute verehrt, aber jedem gläubigen Hindu leuchtet ein, daß es eigentlich dabei um einen Gott geht. Diese Urtendenz zum Monotheismus drückt der von uns zitierte vedische Satz aus. Immer, wenn ein Gläubiger eine bestimmte Erscheinung des Einen bevorzugt, läßt er die anderen als weitere Formen des Einen gelten.

Aus dem oben Gesagten folgt, daß der Hinduismus die Vorstellungen von Gott und den Religionen nicht so sehr als wahr oder falsch unterscheidet. Er nimmt nicht eine Gottesvorstellung als die einzig richtige an. Die verschiedenen Gottesbilder stehen nicht so sehr in Konkurrenz, sondern sind eher komplementär zueinander. Dennoch werden die Verehrer des einen namenlosen Absoluten im Rang höher gestellt als diejenigen, die einen persönlichen Gott oder gar viele anbeten.

Die ewige Religion

Der Hinduismus ist daher nicht eine festumrissene, von allgemein verbindlichen Dogmen festgelegte Religion wie einige der anderen Weltreligionen. Den Hinduismus könnte man vielmehr als eine Republik, eine lose Föderation verschiedener positiver Religionen bezeichnen. In diesem Sinne nennt sich der Hinduismus auch die ewige Religion (sanātana dharma). Freilich darf sich eine bestimmte, konkrete Prägung des Hinduismus als eine positive Religion nicht in den absoluten Stand setzen. Denn gerade vor einer solchen Verabsolutierung warnt der am Anfang des Kapitels zitierte Satz aus dem Rigveda. Sanātana dharma als die ewige Religion ist den Hindu-Schriften zufolge sehr subtil, sehr schwer zu begreifen und wohl kaum dogmatisch festzulegen. Trotz dieser sachgerechten Warnung wird von manchen der Hinduismus mit den Veden auf den Podest der ewigen Religion gehoben. Eine solche Auslegung ist abzulehnen. Sanātana dharma ist orthaft ortlos oder ortlos orthaft.

Viele sehen in dem Hinduismus, der ein solches Bild abgibt, eher etwas religiös Verworrenes. Manche meinen gar, der Hinduismus sei eigentlich keine Religion, sondern ein Gemisch von Riten, Kulten, Bräuchen und dgl. Wer jedoch diese äußere Schale mit dem inneren Kern des Hinduismus verwechselt, erhebt die Unmenge von apokryphen Gedanken zur eigentlichen Religion. Das Apokryphe gibt es im Hinduismus ebenso wie in den anderen Religionen, auch wenn der Hinduismus eine strikte Trennung von apokryphen und kanonischen Schriften nie offiziell vorgenommen hat.

Die Einheit des Göttlichen, des Numinosen, verbunden mit der Vielfalt seiner Inkarnationen, ist das wesentliche Element des Hinduismus. Hierin besteht auch sein besonderer Beitrag zur interreligiösen Kommunikation in der heutigen Situation. Auch Gottesbilder darf man nicht einfarbig malen. Denn das Göttliche geht in seinem Namen nicht ganz auf. Wir wollen die schillernde Rede des Cusanus von der einen Religion mit verschiedenen Riten in diesem Geiste verstehen.

Das Eine vor und nach der Schöpfung

Wie vorher angedeutet sind die verschiedenen Gottesvorstellungen von Anthropomorphismen stark durchsetzt. Die Devas (Götter) sind eigentlich personifizierte Kräfte des Alls. Die vielen Götter repräsentieren erstens Naturerscheinungen wie Sonne, Feuer, Wasser oder zweitens Eigenschaften wie Liebe, Zorn Furcht, vor allem Zustände wie den Tod. Daß diese Götter nicht mit dem Einen verwechselt werden dürfen, erkennt man daran, daß später diese Götter in den Kreislauf der Wiedergeburten einbezogen werden. Sie unterliegen also dem Karma-Gesetz, dem Gesetz des Kommens und Gehens. Und das Karma-Gesetz, richtig verstanden, stellt die Art und Weise dar, wie das unpersönliche, unsichtbare Gesetz mit Belohnung und Strafe verfährt. Dies ist, recht verstanden, die Handlungsweise Gottes selbst. Gewiß kann dies auch ohne die Einwirkung Gottes gedeutet werden. Und gerade eine solche Deutung gibt ja der Buddhismus.

Der höchste Gott (Ishwara) wird als der höchste Herr (Parameshwara) angesehen, der über der natürlichen und sittlichen Weltordnung steht und dessen Diener alle mehr oder minder die anthropomorphen vedischen Götter sind. Der Polytheismus ist volkstümlich, aber seine Quelle ist der Monotheismus; denn dem Vielen liegt das Eine zugrunde. Ferner zielt der Polytheismus auf den Monotheismus: Der Pluralismus der Wege steht dem Monismus des gemeinsamen Zieles gegenüber.

Das bekannte und oft zitierte, sehr schillernde vedische Schöpfungslied des Rigveda läßt die Schöpfung vor aller Schöpfung in dem Ureinen ruhen. Dieses Ureine entläßt aus sich den eigentlichen Schöpfergott, der dann diese Welt erschafft.

Das Weltschöpfungslied

1. Damals war weder das Nichtsein, noch das Sein,
Kein Raum war, kein Himmel darüber. –
Wer behütete die Welt; wer schloß sie ein?
Wo war das Urwasser, wo die Erde?

2. Damals war weder Leben noch Tod,
Nicht Tag noch Nacht. –
In aller Ursprünglichkeit atmete Es ohne Luft,
Es, außer dem nichts anderes war.

3. Vor allem Werden war Finsternis,
Und das Urwasser erstreckte sich überall; –
Von Finsternis umhüllt, erregte Es sich erst,
Und ward durch die Kraft des eigenen Wollens.

4. Es begehrte eine Welt in sich,
Die als Keim des Geistes als erstes war; –
Die Sehenden in ihrem Herzen forschend,
fanden den Ursprung des Seins im Nichtsein.

5. Als quer hindurch sie ihre Meßschnur legten,
Was war da unterhalb? und was war oben? –
Keimträger waren, Kräfte, die sich regten,
Selbstsetzung drunten, Angespanntheit droben.

6. Doch, wem ist auszuforschen es gelungen,
Wer hat, woher die Schöpfung stammt, vernommen?
Die Götter sind diesseits von ihr entsprungen!
Wer sagt es also, wo sie hergekommen? –

7. Er, der die Schöpfung hat hervorgebracht,
Der auf sie schaut im höchsten Himmelslicht,
Der sie gemacht hat oder nicht gemacht,
Der weiß es! – oder weiß auch er es nicht?

Wegen der großen Beliebtheit und wegen der hohen Bedeutung dieses sehr schwer zu interpretierenden Hymnus möchten wir hier neben der Übersetzung Glasenapps auch die Prosaübersetzung von Karl F. Geldner wiedergeben.

1. Weder Nichtsein noch Sein war damals; nicht war der Luftraum noch der Himmel darüber. Was strich hin und her? Wo? In wessen Obhut? Was war das unergründliche, tiefe Wasser?

2. Weder Tod noch Unsterblichkeit war damals; nicht gab es ein Anzeichen von Tag und Nacht. Es atmete nach seinem Eigengesetz ohne Windzug dieses Eine. Irgend ein anderes als dieses war weiter nicht vorhanden.

3. Im Anfang war Finsternis in Finsternis versteckt; all dieses war unkennt-

liche Flut. Das Lebenskräftige, das von der Leere eingeschlossen war, das *Eine* wurde durch die Macht seines heißen Dranges geboren.

4. Über dieses kam am Anfang das Liebesverlangen, was des Denkens erster Same war. – Im Herzen forschend machten die Weisen durch Nachdenken das Band des Seins im Nichtsein ausfindig.

5. Quer hindurch war ihre Richtschnur gespannt. Gab es denn ein Unten, gab es denn ein Oben? Es waren Besamer, es waren Ausdehnungskräfte da. Unterhalb war der Trieb, oberhalb die Gewährung.

6. Wer weiß es gewiß, wer kann es hier verkünden, woher sie entstanden, woher diese Schöpfung kam? Die Götter (kamen) erst nachher durch die Schöpfung dieser (Welt). Wer weiß es dann, woraus sie sich entwickelt hat?

7. Woraus diese Schöpfung sich entwickelt hat, ob Er sie gemacht hat oder nicht – der der Aufseher dieser (Welt) im höchsten Himmel ist, der allein weiß es, es sei denn, daß auch er es nicht weiß.[2]

In diesem Hymnus geht es um die stufenweise ablaufende Entstehung des Seienden. Das Ursein ist weder Sein noch Nichtsein. Die beiden ersten Verse beziehen sich auf die früheste Periode des Nichtseins. Da gab es die absolute Ruhe der erst später in die Schöpfungsmythologie eingeführten Brahmā-Nacht. Das, was vor allem anderen war, war weder Sein noch Nichtsein. Es gab weder Leben noch Tod. Es bestand nur das Eine in sich selbst, für sich selbst und aus sich selbst vor aller Schöpfung. In diesem Einen ruht die Schöpfung, es ist Schöpfungsgrund und Schöpfung zugleich. In den beiden weiteren Versen wird davon gesprochen, daß dieser erste Zustand dann gekeimt haben muß. Fast unmerklich vermischt sich hier der Schöpfungsvorgang mit den Gedanken der Evolution bzw. Emanation. Hier ist die Vorstellung vom Ei, die in den späteren Hindu-Mythen eine größere Rolle spielen wird, bereits angedeutet. Ferner wird die Erkenntnis als das Sein-Wollen mit dem Samenkeim verglichen. Die benötigte Wärme für die Brut entsteht aus dem glühenden Schmerz, der Kraft der Tapas, dem Sich-innig-Wünschen, dem Lieben oder aus dem Sich-Kasteien. Die letzten drei Verse versuchen, das Wie der Schöpfung zu deuten.

Die letzten Zeilen des Schöpfungslieds klingen sehr skeptisch. Um sie zu buchstabieren, muß man zwischen dem Ureinen, das die Schöpfung vor der Schöpfung in sich hatte, und dem eigentlichen Schöpfer, der es schuf, um weiter zu schaffen, unterscheiden. Asat bedeutet Nichtsein und stellt den Urgrund allen Seins im Rigveda dar. Das Nichtsein wird dem Aditi, dem Unendlichen, gleichgesetzt. Und alles, was ist, ist Diti, d. h. das Endliche. Daraus folgt für uns,

[2] Glasenapp, H. v.: Indische Geisteswelt, Baden-Baden 1958/59, S. 20 ff.

daß das Unendliche ein Nichtsein im Sinne des Diesweltlichen ist. Dies entspricht auch dem Urteil unseres Verstandes: All das, dem das weltliche Prädikat Sein nicht zukommt, muß Nichtsein sein.

Das Bemerkenswerte an diesem schillernden Schöpfungslied ist die Rede im Namen der Schöpfung vom Geborenwerden (Vers 3), vom Entstehen (Vers 4) und von der Emanation (Verse 6 und 7). Hier zeigt sich, wie umfassend die indischen Schöpfungsmythen sind. Sie enthalten fast alle Haupttypen der Kosmogonie und Theogonie.

Dieses Schöpfungslied ist ein einprägsames Beispiel dafür, welche radikalen Fragen in den Veden gestellt werden. Natürlich ließ man es nicht bei den Fragen bewenden. Die Vedas leiteten eine theistische Tradition ein. Sie setzte sich fort über den vedischen, brahmanischen und klassischen Hinduismus bis hin zum Neohinduismus.[3]

Das Eine des vedischen Hinduismus

Das Eine des Rigvedischen Hinduismus ist auch das Ewige, das sich in seinen verschiedenen Aspekten der Natur und des menschlichen Lebens zeigt, ohne jedoch in ihnen ganz aufzugehen. Es ist daher bei vielen Interpreten ein Mißverständnis, wenn sie hier einen Pantheismus sehen wollen. Es geht eher um die echte Transzendenz des Einen.

Die indische religiöse Tradition sucht und findet das eine göttliche, wahre Sein in dem Dickicht der üppigen indischen Mythologie voller Götter und Dämonen, die ja in vielfältiger Weise auf das Eine hinweisen. So wie die Menschen sind auch die Götter die Diener des einen Gottes. Die indische Vielfalt, für manche eine sehr verwirrende Vielfalt von Bildern des Göttlichen, wird leicht verständlich, wenn man sich vergegenwärtigt, daß Gott sich verschiedenen Menschen zu verschiedenen Zeiten in verschiedener Weise offenbart. Es wäre eine Anmaßung dem göttlichen Willen gegenüber, wollte der Mensch eine Offenbarung verabsolutieren und andere dieser entweder unterordnen oder gar als falsch hinstellen. Gott verliert durch die Vielfalt seiner Inkarnationen nicht seine Einheit, Einmaligkeit, Absolutheit und Singularität.

Im Geiste des vedischen Hinduismus soll die Einheit im Sinne der Ökumene nicht durch Ausschließen, Ächten und Ausrotten anderer Götter im Namen eines einzigen, ursprünglich nationalen Gottes er-

[3] Vgl. Mall, R. A.: Indische Schöpfungsmythen, Bonn 1982, S. 26–28.

reicht werden, sondern durch die Einsicht, den Glauben und die tiefe Überzeugung, daß keine Rasse, keine Sprache, keine Tradition privilegiert ist. Der indische Monotheismus harmonisiert die verschiedenen Bilder Gottes durch die erlebte Entdeckung einer der Vielheit der Gottesvorstellungen zugrundeliegenden Einheit. Der vedische Satz, den wir für unseren vedischen Hinduismus als Motto gewählt haben, meint gerade eine solche innere Haltung, der selbst das mystische Erlebnis des Einen mit seinen vielen Namen zugrunde liegt. Der sogenannte vedische Polytheismus ist bloß funktionaler Natur. Im Kern gibt es bereits hier einen strukturellen Monotheismus. Unser zu Beginn zitierter Satz aus dem Rigveda macht dies gerade deutlich.

Der rigvedische Satz von dem einen Wahren mit vielen Namen verleiht dem Hinduismus die umgreifende Einheit ohne Einförmigkeit. Eine ins einzelne gehende Darstellung des Hinduismus verwirrt den Leser eher wegen der unübersehbaren Formenvielfalt. Uns war es wichtig, die wesentlichen Strukturen aufzuzeigen. Dabei haben wir den ungewöhnlichen Weg eingeschlagen, nämlich nicht nur das Verbindliche in der religiösen Vielfalt Indiens aufzuzeigen, sondern zugleich auf das Verbindliche in der Welt aus interreligiöser Sicht aufmerksam zu machen.

2. Kapitel

DER UPANISHADISCHE HINDUISMUS

Kasminu bhagwo vijnāte sarvam idam vigñātam bhawatiti?
(Was ist das, durch dessen Wissen alles gewußt wird?)
Mundakopanishad

Das Göttliche in den Upanishaden

Im Unterschied zu dem zumindest äußerlich eher polytheistisch und ritualistisch erscheinenden vedischen Hinduismus erleben wir in den Upanishaden eine introspektive Wende des menschlichen Geistes in seiner Suche nach dem Einen. Die Hindu-Tradition nennt daher die Veden Karma-Kānda, das ist derjenige Teil, der sich mit dem Handeln beschäftigt, und die Upanishaden Jñāna-Kānda, das ist derjenige Teil, der dem spirituellen Wissen gewidmet ist.

Das Sanskritwort Upanishad bedeutet, sich in der Nähe des Gurus niederzusetzen. Es geht um ein vertrauliches Wissen, das weniger geschrieben und ausgesprochen werden kann, weil es eher empfangen und realisiert werden muß.

Die Lehre der Upanishaden erscheint uns in verschiedenen Verkleidungen. Es gibt Schüler, die ihre geistig-spirituellen Lehrer (Gurus) besuchen, bei ihnen wohnen, ihnen Fragen stellen und von ihnen Antworten erhalten. Es gibt auch Könige, die um der Weisheit willen die Gurus besuchen, um sich in der Lehre unterweisen zu lassen. Dabei geht es immer wieder um die Erfahrung, um die Realisation der einen höchsten Wahrheit. Dies erschließt uns auch die Bedeutung des Mottos, das wir diesem Kapitel vorangestellt haben: Wisse das, durch dessen Wissen du alles weißt.

Sind die Veden das Alte Testament der Hindus, dann sind die Upanishaden in den Worten Deussens das Neue Testament. In den Upanishaden finden wir zwei Hauptströmungen bezüglich der Realisation des Einen, des Göttlichen, des Absoluten, des Brahman und des Ātman. Die eine Richtung vertritt eine strenge Nicht-Zweiheit (advaita), und die andere einen mit Eigenschaften behafteten Nicht-Dualismus zwischen Ātman und Brahman. Das Generalthema der Upanishaden kann überschrieben werden mit dem Verhältnis zwischen Ātman und Brahman, d. h. zwischen der ewigen Seele und dem Absoluten. Dieses Verhältnis ist niemals eine bloße Angelegenheit des Intellekts. Vielmehr geht es um ein Widerfahren.

Die beiden großen Richtungen kann man erstens als den strengen Monismus von Shamkara und zweitens als Monotheismus Rāmānujas bezeichnen. Mit anderen Worten, der upanishadisch-vedische Hinduismus kennt einen anthropomorphen und einen nicht-anthropomorphen Gott. Wird das absolute Brahman mit Eigenschaften gedacht, dann heißt es Saguna-Brahman, d. h. Brahman mit Eigenschaften. Die heiligen Schriften der Hindus unterscheiden zwei Aspekte des Einen. Neben dem Brahman, das zum Zwecke der Verehrung mit herrlichen Eigenschaften vorgestellt wird, gibt es auch den Aspekt, der jenseits aller Eigenschaften liegt. Dieses Brahman nennt man Nirguna-Brahman, d. h. Brahman ohne Eigenschaften. Brahman als das eigenschaftslose Eine ist das höchste Bewußtsein (cit). Das gläubige Volk in seiner Suche nach Gott bedarf jedoch eines persönlichen Gottes mit Eigenschaften. Dieser Gott wird dann Ishwara genannt, der angebetet und verehrt wird. Es ist der Gott, der auch den Menschen Gnade zuteil werden läßt. Er ist der Gott, der Gottesliebe schenkt (bhakti-mārga). Der hinduistische Theismus der späteren Zeiten, dargestellt in den großen Epen Rāmāyana, Mahābhārata und in der Bhagavadgitā hat dieses Ideal des Saguna-Brahman zu der populärsten Form des Hinduismus werden lassen.

Der Name Gott in der upanishadischen Literatur wird nicht, wie in der vedischen Literatur üblich, für einen einzelnen Gott (Deva) verwendet, sondern zur Benennung des omnipotenten, omniszienten Einen. Dieser eine Gott ist sowohl immanent als auch transzendent. Er ist, wie so oft in den Upanishaden beschrieben, in uns, neben uns und über uns.

Dieser eine Gott ist der Urbeginn und der Urgrund alles Gewordenen. Ohne Teile ist er, und er ist der Zeit enthoben. Anfang und Ende gibt es nach ihm und vor ihm. Er wohnt in uns und ist die höchste Gottheit. Ihn sollen wir verehren. Er thront aber auch jenseits allen Seins. Auf negative Bestimmungen bezugnehmend wird er in den Upanishaden beschrieben als das, was weder durch Reden noch durch Denken, noch durch Sehen, sondern nur durch die Worte „Er ist" erfaßt werden kann. Nicht bloß rhetorisch wird die Frage gestellt: Kann man den Seher des Sehens sehen? Mit anderen Worten: Gott ist letzten Endes eine Angelegenheit der inneren Realisation.

Die beiden großen Lehrsätze

Von den vier Mahāvākyas, den vier großen Lehrsätzen, die die heilige Schrift Indiens kennt, seien zwei hier besonders erwähnt. Aham Brahman asmi, d. h. ich bin Brahman, und tat twam asi, d. h. das bist du. Gemeint ist in beiden Fällen eine Wesensidentität und Wesensgleichheit zwischen Ātman und Brahman. Die negative Theologie Shamkaras läuft auf eine Nicht-Dualität, a-dvaita hinaus. Für ihn gilt die strenge Unzweiheit von Ātman und Brahman. Alle Erscheinungen der Zweiheit und Vielheit sind Ergebnisse der Verblendungen. Hat man die Uridentität realisiert, so ist diese Wahrheit der Sprache nicht mehr verfügbar. Alles, was noch gesagt werden kann, ist die Negation aller anderen Aussagen über Brahman, welche dieses positiv beschreiben wollen. Dies ist die bekannte Methode des neti, neti, ..., d. h. nicht dies, nicht dies, ... Jede determinatio ist negatio, dies um so mehr, wenn es um das eine Wahre, das Absolute, um Brahman geht.

Die negative Bestimmungsmethode darf uns jedoch nicht dazu verleiten, daß wir Brahman mit dem bloßen Nichts gleichsetzen. Der advaita-vedāntische Hinduismus Shamkaras hypostasiert das Nichts nicht. In einer göttlichen Intuition wird die Wahrheit des Wortes „Ich bin Brahman“ realisiert. Dies ist der Weg der reinen, intuitiven Erkenntnis. Es geht dabei um eine Erkenntnis, die nur noch metaphorisch mit dem Ausdruck „Erkenntnis“ wiedergegeben werden kann; denn es geht hier nicht um einen intellektuellen Scharfsinn, auch nicht um ein spekulatives und dialektisches Wissen und Können, sondern um eine verwirklichte Erfahrung.

Das Brahman ist ein Neutrum und wird oft mit tat bezeichnet, d. h. „Das“ oder „Es“ genannt. Die Upanishaden gehen von der Überzeugung aus, daß es etwas innerhalb der menschlichen Seele gibt, das in seiner Unsterblichkeit und Ewigkeit an dem teilhat, was es auch in Brahman gibt. Im Chāndogya Upanishad lehrt Uddālaka seinen Sohn die Wahrheit des Lehrsatzes: Dieses „Das“ bist Du.

Die späteren Vedānta-Theologen haben das Göttliche durch eine dreifache Formel charakterisiert: sat (Sein), cit (Bewußtsein) und ānanda (Wonne, Seligkeit). Obwohl das absolute Göttliche jenseits aller Sprache ist, versucht man dennoch, die Intuition durch diese Merkmale annähernd zu beschreiben. Manche wollen auch in dieser dreifachen Formel ein Analogon zur christlichen Trinität sehen: Gott Vater, Sohn und Geist. Hier muß auf den Sachverhalt hingewiesen werden, daß im Zustand der Gottesrealisation das Göttliche als eine

Einheit von Sein, Bewußtsein und Seligkeit erfahren wird. Denn wie unvollkommen wäre die Erfahrung des Göttlichen, wenn sie nur eines oder nur zwei der Attribute enthielte.

Shamkaras Begriff des Einen

Das Göttliche wird sowohl mikrokosmisch als auch makrokosmisch gedacht. Es ist kleiner als das Kleinste und größer als das Größte. Ātman und Brahman sind die beiden Pole, die zusammen gedacht und realisiert werden müssen. Der reine Monismus, die Unzweiheitslehre Shamkaras, geht noch weiter als ein jeder Monotheismus. Shamkara will sagen, daß, solange der Mensch das Göttliche personifiziert, er Gott nur als eine Steigerung des Empirisch-Persönlichen erfassen kann. Nur mit dem Wegfallen aller Anthropomorphismen kann das echt Absolute, von dem man sich kein Bild machen kann, erreicht werden. Als Theologe ist Shamkara eher ein Philosoph, der in der Erkenntnis der Unzweiheit von Ātman und Brahman mehr erreicht als irgendeine Theologie es je kann.

Als Philosoph ist er aber ebenso ein Theologe, weil nicht Spekulation, sondern Realisation des Brahman das Endziel ist. Shamkara ist ein Vertreter der Lehre von der Identität in ihrer extremen Form. Nichts wird neu hergestellt, wenn die Unzweiheit zwischen Ātman und Brahman realisiert wird. Dabei wird einem die unbegriffliche Wahrheit zuteil, die bis dahin verdeckt gewesen ist. Nach Shamkara gibt es ja nur *eine Realität, und diese heißt Brahman.*

Dieses Brahman ist mit der menschlichen Seele seit jeher identisch gewesen. Um diese vergessene Einheit den Menschen vor Augen zu führen, wird Shamkara nie müde, von dem Gleichnis mit dem Seil und der Schlange zu erzählen. Unsere Unwissenheit macht aus dem Seil eine Schlange, und wie Träumende nehmen wir die Schlange als wahr an.

Zur Gotteslehre des Rāmānuja

Es gibt aber auch Upanishaden, die das gestaltlose Eine von seiner trockenen Eigenschaftslosigkeit herunterholen und es mit einem persönlichen Gott (shiva-rudra) gleichsetzen. Rāmānuja, ein Theologe mit einem ganz anderen Temperament, geht zwar von der Wesensidentität zwischen Ātman und Brahman aus, legt diese jedoch anders als sein Gegenspieler Shamkara aus. Die Einheit bedeutet für den monotheistischen Theologen Rāmānuja, daß die menschlichen Seelen ewig sind wie Gott selbst. Sie sind nicht außerhalb des göttlichen Wesens. Die Seelen und die Welt sind keine māyā-Erscheinungen; sie sind real und von Gott verschieden, aber sie sind als Teile des Ganzen im Göttlichen enthalten. Unterschiede werden hier nicht geleugnet, zugleich aber wird die organische Ureinheit des Einen betont. Daher heißt die Lehre von Rāmānuja „Vishishtādvaita", d. h. ein eingeschränkter Nicht-Dualismus.

Für den Theologen Rāmānuja ist Gott für die ihn Liebenden (bhaktas) erreichbar durch Gebete und Taten. In reiner Abstraktion, ohne die wahren Bezüge zu einem persönlichen Gott, ist keine Religion als ein Verhältnis zwischen Gott und den Menschen möglich. In der Theologie des Rāmānuja begegnet uns das Absolute als ein persönliches Gegenüber, mit dem gesprochen und gerungen werden kann. Gott ist hier der Antaryāmin, d. h. der innere Führer; er wohnt in uns. Er ist unendlich, ewig und allgegenwärtig. Er ist der höchste Wert und die Quelle aller anderen Werte. Er ist auch ein wahrhaftiger, barmherziger und gnädiger Gott. Er ist Schöpfer, Erhalter und Zerstörer der Welt. Nicht aus dem bloßen Nichts schafft er die Welt, sondern aus dem ihm ureigenen Material. Innerhalb seines Seins besitzt er zwei Aspekte, den des cit (Bewußtseins) und den des a-cit (der Materie). Die ganze Welt mit ihren materiellen Gegenständen und bewußten Wesen schafft er aus den beiden Aspekten. Gott ist daher beides: die Wirk- und die materielle Kausalität dieser Welt. Als ein innerer Lenker ist er immanent, und als Schöpfer ist er der Welt transzendent. Er behält seine Güte trotz der Unvollkommenheit der Welt. Diese theologische Konzeption Gottes heißt in der Gitā „Purushottama", d. h. die höchste Person.

Im Gegensatz zu dem Weg der Erkenntnis (jñāna-mārga), den Shamkara bevorzugt, vertritt Rāmānuja den Weg der Gottesliebe (bhakti-mārga) und wird zum größten Theisten des hinduistischen Monotheismus. Die von Shamkara immer wieder hervorgehobene Eigenschaftslosigkeit Brahmans interpretiert Rāmānuja so, daß Gott ohne negative Eigenschaften und Merkmale sei. Nach ihm verwechselt Shamkara die Abwesenheit negativer Merkmale mit der Abwesenheit aller Merkmale schlechthin. Die göttliche Gestalt nennt Rāmānuja den Schrein allen Glanzes, aller Lieblichkeit, allen Wohlgeruchs, aller Zartheit und Schönheit. Nach ihm ist Gott in sich übereinstimmend, unfehlbar und vollkommen. Sein Wesen und seine Natur sind mit Worten oder Gedanken nicht adäquat zu erfassen. Ein Meer grenzenlosen Mitgefühls wird Gott genannt. Ohne Unterschied der Person ist er die Zuflucht für alle Welt in seiner sittlichen Vortrefflichkeit und Gnade. Ohne seine eigene Natur abzulegen, kann er sich durch seine vielfältigen Inkarnationen den Menschen zu erkennen geben. Seine Avatāras, gemeint ist sein Herabsteigen in vielerlei weltliche Gestalten, belegen dies.

Das Eine und das Viele

Man hat verständlicherweise immer wieder gefragt, warum der Hinduismus so viele, manchmal sogar fast einander widersprechende Namen für den einen Gott kennt. Dies kann unter anderem auch damit erklärt werden, daß verschiedene Gläubige in Gott auch verschiedene Eigenschaften sehen wollen: den Belohnenden, den Strafenden, den Zornigen, den Barmherzigen, den Gnädigen, den Gerechten, den Schöpferischen, den Erhalter oder den Zerstörer. Hinzu kommt, daß Indien als ein Schmelztiegel verschiedener Rassen, Kulturen aus fast allen Teilen der Welt die verschiedenen Namen für das eine Wahre in sich aufgenommen hat. Der chinesiche Weise, Lao Tzu, sagt in dem ersten Vers seines Buches Tao te King, daß man dem Tao verschiedene Namen geben kann, aber es sind nicht die ewigen Namen.

Die Upanishaden gehen von der Unendlichkeit Gottes aus und weisen jeden Versuch kategorisch zurück, dieses unendliche Meer durch Benennungen entleeren zu können. Fügt man dem Unendlichen hundert weitere Namen hinzu, so bleibt es qualitativ so unendlich, wie es war. Die Qualität bleibt ebenso erhalten, wenn man Namen wegnimmt. Gott geht in seinen Namen nicht auf, auch in dem Namen „Gott" nicht. In diesem Sinne plädiert der Hinduismus von seinen Ansätzen her für eine multidimensionale Theologie im Gegensatz zu einer jeden eindimensionalen Theologie. Niemand kann und darf das eine Wahre ausschließlich sein eigen nennen.

Die Antwort des upanishadischen Hinduismus auf die hier anfangs gestellte Frage nach dem Wissen dessen, das uns alles wissen läßt, muß nun lauten: Es ist das göttliche Wissen von der Identität von Ātman und Brahman. Aus dieser Identität folgt, wie wir später sehen werden, daß alle Menschen gleich sind, weil sie alle in Gott und mit ihm identisch sind. Eine universale Ethik der Menschenliebe ist das natürliche Ergebnis einer solchen Einsicht. Gerade diese Einsicht vermitteln die berühmten Worte der Upanishaden „tat twam asi", d. h. „Das bist du". Sie sind die eigentliche Grundlage für die Nächstenliebe.

3. Kapitel

SCHÖPFUNG, INKARNATION UND EVOLUTION

> Yadā yadāhi dharmasya glānir bhavati bhārata
> abhyutthānam adharmasya tadātmānam srijāmy aham.
> (Jedesmal, wenn die Rechtmäßigkeit im Schwinden ist
> und Unrechtmäßigkeit sich erhebt, lasse ich mich selbst
> hervorströmen [Fleisch werden].)
>
> Gitā

Schöpfungsmythen und Evolution

Die Überschrift „Schöpfungsmythen und Evolution" hat mit Recht die Konjunktion „und" in der Mitte; denn die Disjunktion „oder" wäre fehl am Platze, weil sie bedeuten würde, daß die Wahrheit nur auf der einen Seite läge.

Dieser Darstellung liegt die Überzeugung zugrunde, daß sich erstens die Mythen nicht in Begriffe übersetzen lassen, d. h. daß sie sich nicht restlos entmythologisieren lassen. Zweitens gehen sie nicht in evolutionstheoretischen Kategorien und drittens auch nicht in theologischen Dogmen auf. Viertens verbleibt ihnen immer ein Rest von Gehalt und Bedeutung, aus dem sie ihre Ursprünglichkeit, Lebendigkeit, Unreduzierbarkeit und Fruchtbarkeit beziehen. Somit wird hier fünftens die Ansicht vertreten, daß Schöpfungsmythen und Evolutionslehren zwei zueinander komplementäre Deutungsweisen sind im Hinblick auf Ursprung, Fortbestand und Endzustand des Kosmos und aller Wesen in ihm.

Die Evolutionsbiologie ist holistisch orientiert und erkennt die scharfen Trennungslinien zwischen den verschiedenen Organisationsformen nicht an. Auch Schöpfungsmythen orientieren sich holistisch, indem sie das Ganze des Weltalls von einem Prinzip herleiten. Während der Evolutionismus auf eine naturwissenschaftliche Erklärung aus ist, geben die Theologien eine mythologische Erklärung. Da weder der Theologe noch der Evolutionsbiologe bei der Schöpfung zugegen gewesen ist und Experimente zur Kosmologie nicht gemacht werden können, weil wir ja nur diese eine Welt haben, die uns vorausgeht und nach uns besteht, sind beide auf Hinweise angewiesen, die von Theorien, reinen Spekulationen und Hypothesen bis zu unmittelbaren Glaubensakten reichen.

Der Hinduismus ist keine Religion im üblichen Sinne mit schriftlich fixierten Glaubensinhalten und Dogmen, die allgemeingültig und unveränderlich für alle Gläubigen sind. Darüber hinaus kennt die indische Religiosität Formen mit theistischer und atheistischer Prägung, Religionen mit und ohne Stifter und besitzt keine zentrale Stelle im Sinne einer Glaubenskongregation. Der Hinduismus ist eher eine Föderation verschiedener Wege zum Einen, das allem Leben zugrunde liegt. Dies gilt im Felde der Mythologie noch stärker. Die Schöpfungsmythen belegen dies zur Genüge. Auch diese werden mit einem Schöpfergott oder auch ohne ihn erzählt. Es ist sowohl eine ausgesprochene als auch unausgesprochene Überzeugung der Hindus, daß es Brahman (vergleichbar mit dem Logos, Tao u. a.) seit Ewigkeit gibt. Die Veden, Upanishaden, Purānas und andere Schriften des Hinduismus enthalten die Kunde von diesem Ungeborenen, Ungeschaffenen.

Die göttlichen Seher sind gleichsam sehr feine Empfangsstationen für die ewige Offenbarung, die unaufhörlich ausströmt. Diese unaufhörliche Offenbarung wird vernommen in der Trias des Entstehens, Bestehens und Vergehens.

Uns allen ist das Bewußtsein von der Rätselhaftigkeit des Kosmos, der Welt, des Menschen und aller Wesen in der Welt eine unleugbare Tatsache. Der Mythos erklärt in seiner Weise das Ganze des Daseins. Die Hauptbotschaft des Schöpfungsmythos in allen Religionen ist die tiefe Einsicht, daß der Mensch, die Welt, die Natur nicht ihr eigenes Woher und Wozu sind. Sie sind geschaffene Dinge und stehen in einem Abhängigkeitsverhältnis zum Schöpfer. Diese Dinge sind entstanden, sie sind erst, nachdem etwas schon da war. Das Gefühl der Heimatlosigkeit ist ein beständiges Element des mythischen Denkens und Erlebens.

In einem gewissen Gegensatz zur Einmaligkeit des Schöpfungsmythos des Judentums, Christentums und des Islams stehen die Schöpfungsmythen des Hinduismus. Denn diese berichten von einem endlosen Kreislauf des Weltentstehens und Weltvergehens. Auch die Zahl der Schöpfungskosmogonien ist pluralistisch angelegt. „Die heiligen Schriften des Judentums, Christentums und Islams“, schreibt Eidlitz, „berichten von der Schöpfung unserer jetzigen Erde ... Die indischen heiligen Texte berichten von einem sich zahllose Male von Ewigkeit zu Ewigkeit begebenden Weltentstehen und Weltvergehen.“[1]

[1] Eidlitz, W.: Der Glaube und die heiligen Schriften der Inder, Freiburg 1957, S. 29.

Schöpfung in den Veden

Die Idee der Schöpfung in der vedischen Literatur darzulegen, stellt eine religionsgeschichtliche Aufgabe dar, denkt man an den Umfang und den reichen Inhalt. Die vedischen Seher meinten: Wir wissen nicht, wie, wann, woraus und von wem wir geschaffen worden sind; denn wir Geschaffene stehen diesseits des Schöpfungsgeheimnisses.

Die Vedas gehen davon aus, daß es ein Absolutes, das Eine, geben muß, welches im Sinne einer überweltlichen Kausalität die Welt, die Menschen und alle anderen Dinge in ihr schafft. Die Schöpfung wird in dem bekannten Lied des Rigveda beschrieben (vgl. Kap. 1).

Stufenweise schildert dieses Lied die Entstehung des Seienden. Weder Sein noch Nichtsein als Gegensatzpaare stellen das eine Ursein dar. Die Schöpfung ist logisch und begrifflich nicht zu fassen. Sie ist und bleibt ein Geheimnis. Es ist das Eine in sich selbst, aus sich selbst und vor aller Schöpfung für sich selbst. Da die Schöpfung vor der Schöpfung in ihm ruht, ist es Schöpfungsgrund.

Hier wird der Schöpfungsvorgang unmerklich mit dem Gedanken einer Evolution bzw. Emanation vermischt. Die späteren Mythen des Hinduismus gehen von der Vorstellung eines Welteneies aus. Auch eine psychologische Deutung schimmert hier durch. Das Sein-Wollen, das Schaffen-Wollen wird hier mit dem Keim, dem Samen, verglichen. Die Bruthitze, die für das Gedeihen des Eies nötig ist, kommt aus der Kraft des innigen Wünschens oder Liebens oder Kasteiens oder des Sich-Opferns.

Die letzten Verse unternehmen den Versuch, das Wie der Schöpfung zu deuten. Es ist interessant zu sehen, daß das Lied mit einer Frage nicht nur beginnt, sondern auch endet. Man hat diese rätselhaften und stellenweise sehr skeptisch klingenden Zeilen verschieden zu buchstabieren versucht. Wir müssen hier zwischen dem „Ureinen", das die Schöpfung vor der Schöpfung in sich hielt, und dem eigentlichen Schöpfer (Gott), den es schuf, um weiter zu schaffen, unterscheiden (vgl. Meister Eckhart: Gott=/=Gottheit).

Dieses vielschichtige Schöpfungslied enthält im Keim fast alle Formen der Kosmogonie bzw. Theogonie des späteren Hinduismus. Freilich kann man auch eine skeptische, agnostische Deutung dieses Liedes befürworten. Es ist jedoch eine theistische Tradition, die die Vedas einleiteten, deren Kontinuität wir bis zum Neohinduismus feststellen können. Der Emanationsprozeß kann aber auch mehr oder minder fein materiell im Sinne von Kraftfeldern gedacht werden. Die Welt entsteht aus der Ursubstanz, deren Natur es ist, sich zu entfalten. In dieser Entfaltung gibt es eine Gleichwertigkeit aller Teile in der Gesamtnatur.

In den Brāhmanas, die sich hauptsächlich mit der Opfermystik beschäftigen, wird die Geschichte von dem Manu-Geschlecht erzählt, dessen Nachkommen die heutige Menschheit darstellen. Einmal brachten die Diener dem Manu Wasser zum Waschen. Als er seine Hände wusch, geriet ein Fisch dazwischen. Dieser sprach zu Manu: „Pflege mich, ich will dich retten.“ – „Wovor willst du mich retten?“ fragte Manu. Der kleine Fisch antwortete: „Eine Flut wird kommen und alle Geschöpfe dieser Erde fortführen. Davor will ich dich retten.“ Als die Flut kam, wurde Manu in der Tat von dem inzwischen herangewachsenen Fisch gerettet. Dies ist der Mythos der indischen Arche Noahs.

Die vedische Literatur enthält auch Schöpfung als Emanation. Der Herr der Schöpfung, Prajāpati, schuf die Welt, indem er die Worte sprach: „Ich möchte mich vermehren.“ Wie eine Spinne die Fäden aus sich herausbringt und wieder in sich hineinzieht, so entsteht hier alles aus dem Unvergänglichen. Die vedische Idee der Schöpfung will die Zeugung nicht als eine biologische Kategorie verstanden wissen. Die Schöpfung als Zeugung ist ein göttliches Mysterium. Gott als Schöpfer kommt nicht am Ende der Evolution; er ist als die bewegende erste Ursache schon vor aller Schöpfung da.

Wir Menschen sind nicht unsere eigenen Schöpfer. Wir dürfen daher auch nicht den Fehler begehen, alles nur a parte nostri (von uns Menschen aus gesehen) und nicht a parte dei (von Gott aus gesehen) zu behandeln.

Die Idee der Schöpfung als Tat ist ebenfalls in den Liedern der Vedas enthalten. Der Schöpfer Vishwakarman schafft die Welt, indem er sich selbst opfert. Er schnitzt die Welt aus dem ewig vorhandenen Urholz, heißt es in einem der Upanishaden.

Ein anderes Urmuster der indischen Schöpfungsmythologie sieht so aus: Im Anbeginn war der Urgeist Brahman in einer Gestalt als Mann und Frau. Dieser Urgeist zerfiel in die beiden Teile und schaffte damit Polaritäten: den Urgeist und das Urwasser. Die Polaritäten sind entstandene Dinge. Damit können sie nicht endgültig sein. Und das synthetische Eine war das Erste. Ähnliche polare Konzeptionen von komplementären Teilen des Ureinen finden wir auch in den anderen Kulturkreisen. Ebenso ist in der Lehre Platons von zwei Teilen des einen Ganzen die Rede.

Der Schöpfungsgedanke in den Upanishaden

In den Upanishaden wird die Welt z. B. mit einem Webstuhl verglichen. Der Schöpfer ist der Weber. Er webt, um seine Geschöpfe zu bekleiden. Hier zeigt sich der Gedanke der Erhaltung der Schöpfung. Eine Schöpfung, die nicht erhalten werden kann, verdient diesen Namen nicht. Hier ist ein Theismus und kein Deismus enthalten. Die Opfertat der Menschen ist daher ein Abbild des Uropfers, das Gott vollbrachte. Gott opfert, so heißt es, indem er das Urwasser aus sich herausläßt. Hier ist der Schöpfer selbst die Ursache der Urmaterie. Nichts ist außer ihm.

Die Schöpfung wird auch als Idee des Logos angesehen. Logos ist die Urkraft des Urgeistes. Das Brahman als der Urgeist wird in zwei Formen vorgestellt: als der tonlose und der tonvolle Aspekt des Urgeistes. Die vielen Gestalten sind die ausgesprochenen Formen des einen unausgesprochenen Urgeistes. Das Gestaltlose soll durch die Gestalten hindurch gesehen und erkannt werden.[2] Hier werden die beiden Aspekte, der kosmische und der a-kosmische, des Brahman deutlich.

Die Logosmythologie führt zu einer Wortmythologie; denn die Schöpfung wird auch als Zauber angesehen. Der Zauber ist die Kraft, die dem Logos innewohnt. Wenn der Logos sich äußert, schafft er. Vāk (Logos) ist hier als Urmutter, als Urzeugerin gedacht. Schöpfung als māyā bedeutet nicht, daß die Welt und die Wesen in ihr bloße Illusionen sind. Māyā ist hier lediglich die von uns nicht erkennbare Urkraft des Schöpfers. Māyā ist eigentlich das Schöpfungsgeheimnis selbst. Nicht Gott ist das ganz andere, sondern diese Welt. Gott ist die richtige Heimat der Menschen. Selbst die Götter können māyā des Schöpfergottes nicht durchschauen.[3] Māyā besteht in der falschen Erkenntnis, im Vergessen der Gottverbundenheit.

Schöpfung wird auch als lilā, d. h. als ein Mitteilungsspiel Gottes, verstanden. Nach dem Zweck der Schöpfung zu fragen, ist genauso zwecklos wie nach dem Zweck eines reinen Spiels. Hinzu kommt, daß es eine Anmaßung wäre, Gott zu fragen, warum er dann die Welt überhaupt geschaffen hat. Diese lilā-Theorie der Schöpfung befreit sich so von dem lästigen Problem einer Theodizee.[4]

In einem der Upanishaden heißt es: Gott schafft nicht aus dem

[2] Vgl. Maitri Up. 6.22.

[3] Vgl. Mall, R. A.: Indische Schöpfungsmythen, Bonn 1982, S. 34.

[4] Vgl. Epicur: Gott und das Böse in der Welt.

Nichts. Er schafft auch keinen Zweck, der außer ihm läge. Auch aus psychischen Motiven schafft er nicht.[5] Die Welt geht aus ihm einfach hervor im Sinne eines Naturvorgangs wie dem des Samenergusses.[6]

Der Urstoff gestaltet und ent-staltet sich immer wieder. Hier wird dem Urstoff die selbstschöpferische Kraft zuerkannt. Dies erinnert uns an den Evolutionismus, weil auch hier die große Natur in ihren kleinsten Teilen eine selbstschöpferische Kraft besitzt. Die indische Schöpfungsvorstellung sieht im Gegensatz zum westlichen Denken die Bewegung nicht nur im Geistigen, sondern auch im Vegetativen.

Mit der Zeit nehmen die Mythen im populären Hinduismus eher zu als ab. Hierin liegt sowohl die Stärke als auch die Schwäche des Hinduismus. Die Stärke wird ihm verliehen, indem die Vielfalt der Mythen ihm eine größere Toleranz, Weitherzigkeit, einen liberalen Standpunkt, eine dynamisch-assimilative Kraft und eine Offenheit der Haltung beim Erzählen und Erzählenlassen gestattet. Die Schwäche besteht in der Last der reichen Mythologien, deren Vielfalt die Gefahr birgt, vor lauter Bäumen den Wald nicht mehr zu sehen. Hilfreich ist hier auch die zentrale Aussage des vedischen Hinduismus von dem einen Wahren mit vielen Namen. Denn wir erleben, daß der göttliche Schöpfungsakt unterschiedlich und sehr variationsreich tradiert wird.

Schöpfungsmythen in den Purānas

Der Schöpfergott erscheint in der indischen Mythologie mit einem shakti-Prinzip ausgestattet. Shakti ist die bewußte Schöpferkraft. Der persönliche Schöpfergott und shakti stellen die beiden konstitutiven Schöpfungsprinzipien dar. Diese beiden werden auch als das weibliche und das männliche Prinzip der Schöpfung vorgestellt.

Der Kerngedanke der indischen Schöpfungsmythologie besagt folgendes: Es gibt einen Schöpfungszyklus. Am Anfang eines jeden Zyklus befindet sich der Höchste auf den Urwassern, gebettet auf der Urschlange. Aus seinem Nabel – Symbol für alle Ursprünge – steigt ein Lotus empor, woraus dann der Weltenschöpfer Brahmā zu Bewußtsein erwacht, um die Schöpfung in Gang zu bringen. Hier ist die bekannte Mythologie der Hindu-Trias zu erwähnen: Brahmā, Vishnu, Shiva. Diese Dreiheit der Götter ist eine Synthese der drei

[5] Vgl. Chand. Up. VI, 2.2.

[6] Vgl. Ait. Up. I,1.2; Tait. Up. II,6.

Funktionen: Schöpfung, Erhaltung und Zerstörung. Selbst der Sonnenkult geht von den drei Funktionen der einen Sonne aus: die schaffende, die erhaltende und die verbrennende Sonne.

Diese Mythologie der Hindu-Trias ist eine Art Dreieinheit von Leben, Tod und Wiedergeburt. Die Erhaltungsfunktion der dharma-Ordnung ist sehr wichtig. In dem heiligen Buch der Hindus, Gitā, verspricht Krishna Arjuna, sich immer wieder zu inkarnieren, wenn das Chaos die dharma-Harmonie gefährdet und zerstört. Jedes Avatāra, d. h. Herabsteigen, Fleischwerden Gottes, in dieser oder jener Gestalt, stellt eine Art Offenbarung Gottes dar. Der Hinduismus im Einklang mit seinen Offenbarungsurkunden berichtet nicht bloß von einer Einmaligkeit der göttlichen Offenbarung. Er spricht vielmehr von zahllosen Inkarnationen Gottes. Im Bhāgavata-Purāna heißt es: Gottes Inkarnationen sind die Ströme aus einem See. Der See ist unendlich lang und tief, und er trocknet niemals aus.

Im Universum wirken zwei Kräfte: das Gute und das Böse. Häufig erscheinen sie in den Gestalten der Götter und der Dämonen. Auch im Menschen wirken diese beiden Kräfte, indem er gute oder böse Taten vollbringt. Dafür muß er entweder belohnt oder bestraft werden. Befinden sich die beiden Kräfte im Gleichgewicht, dann herrscht Ruhe. Sobald dieses Gleichgewicht in irgendeiner Weise gestört wird, ist das Eingreifen Gottes nötig. In einer solchen Situation hat der Gott Vishnu als Erhalter die Aufgabe, das Gleichgewicht wieder herzustellen. In manchen Schriften heißt es, daß Gott nur einmal in einem Zeitalter herabsteige. In anderen Schriften wird von unzähligen Avatāras gesprochen.

In den Purānas wird von den zehn Avatāras des Vishnu berichtet, von denen sich bereits neun ereignet haben sollen. Die zehnte Inkarnation soll noch ausstehen. Bei jeder dieser Inkarnationen soll Vishnu die dharma-Ordnung wieder herstellen. Dabei ist das Gute zu beschützen und das Böse zu vernichten. Die Reihenfolge der Inkarnationen zeigt eine eigenartige Parallele zur Evolution und umfaßt das Tier-, Menschen- und Götterreich:

1. Matsya-avatāra: Dies ist die Inkarnation als Fisch. In einer Zeit, in der es nichts anderes als Wasser gibt, muß das Göttliche als ein Wesen erscheinen, das fähig ist, im Wasser zu leben. Dieser Mythos stammt aus dem des Brahmā. Dort rettete Vishnu in der Form eines Fisches das Schiff des ersten Vaters der Menschheit. Er hieß Manu und hatte die Veden bei sich.

2. Kurma-avatāra: Dies ist die Inkarnation der Schildkröte. Vishnu inkarnierte sich in einem Tier, das sowohl im Wasser als auch auf

dem Land leben konnte. Der Panzer der Schildkröte diente als Boden, auf dem nach der Sintflut alle zum Leben wichtigen Dinge wieder hergestellt wurden.

3. Varāha-avatāra: Varāha heißt Eber. Brahmā und Vishnu wollten, als sie noch vereinigt waren, aus den Urwassern die Erde hervorbringen. Dazu bedienten sie sich des Ebers, der in der Lage war, lange zu tauchen. Der Eber fand unter dem Wasser die Erde und brachte Stück für Stück nach oben.

4. Narsinha-avatāra: Hierbei erscheint Vishnu in einer Gestalt halb Löwe und halb Mensch. In dieser Inkarnation sind die Kraft und das Wissen als göttliche Eigenschaften vereint. In dieser Gestalt sollte Gott die Ordnung in einer von Dämonen beherrschten Welt herstellen. Um der Dämonen Herr zu werden, bedurfte er sowohl der Kraft als auch des Wissens.

5. Vāmana-avatāra: Vishnu nahm die Gestalt eines Zwerges an, der wunderbare Kräfte und Fähigkeiten besaß. Diese machten es ihm möglich, die Welt von einem ungerechten und überaus ehrgeizigen König zu befreien.

6. Parasurāma-avatāra: Diese Inkarnation fand statt, als die Brahmanen von den Mitgliedern der zweiten Kaste unterdrückt wurden. Vishnu befreite die Priesterkaste.

7. Rāma-avatāra: Vishnu steigt als Rāma herab, um Sri Lankā von dem zehnköpfigen Dämonenkönig zu befreien. In dem Epos Rāmāyana wird ausführlich darüber berichtet.

8. Krishna-avatāra: Diese Inkarnation ist viel umfassender. Krishna ist nicht nur Inkarnation, sondern zugleich der Sendende aller Inkarnationen. Auch er hatte die Welt von einem tyrannischen König zu befreien. Über sein Leben wird viel berichtet. Seine Ratschläge, die er Arjuna gibt, sind der Welt unter dem Namen Bhagavadgitā oder kurz Gitā bekannt.

9. Buddha-avatāra: Zu Beginn des schwarzen Zeitalters ist Vishnu als Buddha erschienen. Er hatte die Aufgabe, den Menschen, die Gott lästerten, beizubringen, Gott als nicht seiend zu betrachten. Die negative Lehre Buddhas erhält somit einen sehr positiven Sinn. Hier wird der Buddhismus als eine dem Hinduismus zugehörende Richtung beschrieben.[7]

10. Kālki-avatāra: Diese letzte Inkarnation steht in diesem Zeitalter noch bevor. Sobald das geistige und sittliche Leben den tiefsten

[7] Vgl. Mall, R. A.: Buddhismus – Religion der Postmoderne?, Hildesheim 1990.

Stand erreicht hat, wird Vishnu auf einem weißen Pferd erscheinen, durch die Welt reiten und damit deren Untergang beschleunigen. Diese letzte Inkarnation in Gestalt eines weißen Pferdes, kālki, mit Gott Vishnu im Sattel steht noch aus. Es heißt: Diese Inkarnation wird geschehen, wenn das religiöse, soziale, moralische und geistige Leben auf Erden seinen tiefsten Punkt erreicht hat, der so zu beschreiben ist: Lippenbekenntnisse zählen mehr als Treu und Glauben. Religion verkommt zur Gewohnheit. Gelehrsamkeit wird durch dreistes Auftreten ersetzt. Regieren ist keine moralische Kunst mehr, sondern nur noch eine raffinierte Art der Manipulation in Form von offener und versteckter Gewalt. Die Menschen entwickeln sich zurück zu den Tieren. Diese Inkarnation soll wieder einen neuen Zyklus einleiten mit der Herrschaft der Tugend, Moral und der echten Religion. Der Untergang macht einen neuen Schöpfungszyklus möglich. Im Anfang ist das Ende beschlossen, und im Ende der Anfang.

Diese Inkarnationen zeigen, daß Gott schon zu Beginn der Schöpfung war und nicht erst an ihrem Ende erscheint. Gott ist Anfang und Ende des Prozesses; er lenkt nicht nur die Evolution, er ist die Evolution. Daher manifestiert er sich immer der Entwicklungsstufe gemäß.[8]

Die Hindu-Mythologie macht deutlich, daß Gott sowohl am Anfang, in der Mitte als auch am Ende der Tage der Welt steht. Anfang und Ende, Evolution und Involution bedingen sich gegenseitig. Auch die Urknall-Theorie, ausgehend von einer unvorstellbaren Dichte der Materie, erklärt die Entstehung des Kosmos im Sinne einer Expansion, die sich vielleicht eines Tages wieder umkehren wird.

Sri Aurobindo, der Teilhard de Chardin des Hinduismus, sieht in der Evolution jedoch eine Selbstmanifestation Gottes mit dem Ziel einer supra-mentalen Kulmination. Für ihn geht die Entwicklung des Menschen immer weiter bis zu einem reinen geistigen Wesen. Die supra-mentale Stufe bei Aurobindo entspricht im ganzen der Christogenese bei Teilhard de Chardin. Sehr hoffnungsvoll, ja beinahe zweckoptimistisch heißt es bei Aurobindo, daß der Mensch sich in einer Übergangsgestalt befindet, die nicht endgültig ist. Er vermag sich weit über sich selbst hinaus zu begeben wie auf einer Stufenleiter, an deren Ende der Mensch in ein göttliches Übermenschentum geführt wird.[9]

Die knappe Darstellung der Avatāra-Mythologie läßt deutlich

[8] Vgl. Mall, R. A.: Indische Schöpfungsmythen, Bonn 1982.
[9] Vgl. Sri Aurobindo: Der integrale Yoga, Hamburg 1957.

werden, daß das eine Höchste sich auf allen Stufen des Seins gleichrangig inkarniert. Dies kommt dem modernen Evolutionsgedanken eher entgegen. Der ganze Kosmos mit seinen vielen Welten ist cinc Werkstatt des göttlichen Tuns. In dem kleinsten aller kleinen und in dem größten aller großen Wesen zeigt Gott sich. Im Bhāgavatam ist sogar von unzähligen Inkarnationen Gottes die Rede. Dort heißt es: „Die Avatāras Gottes, des Urgrundes des ewigen Seins, sind zahllos; so wie von einem unerschöpflichen See Tausende Ströme ausfluten."[10]

Zur vergleichenden Schöpfungsmythologie

In seinem Buch ›Die Gottesidee der Ngadja Dayak in Süd-Borneo‹[11] erzählt Hans Schärer den Mythos von einer ursprünglichen kosmischen Ganzheit, die noch im Maul der zusammengerollten Wasserschlange steckte. Mit der Zeit erhoben sich zwei Berge als Sitz der Gottheiten, die nach und nach die kosmische Wirklichkeit ins Dasein riefen. Der Dayak-Mythos geht vom Urbeginn und von der Ganzheit als den zwei Aspekten des Heiligen aus.

In vielen Mythologien werden die kosmischen Polaritäten oft antagonistisch, aber letzten Endes doch komplementär gedeutet. So sind die göttlichen Paare bei den Pueblo zwei Aspekte des großen Gottes.

Im Indischen sind die Dualitäten von Devas und Asuras (Götter-Dämonen), bei den Parsen die Prinzipien der Dunkelheit und des Lichtes, in China die Polarität von Yang und Ying, um nur einige zu nennen, immer so angelegt, daß sie in einem einzigen Urgrund die Gegensätze überwinden. Nach Eliade liegt dabei die Erkenntnis zugrunde, „daß, was in der Ewigkeit wahr ist, es nicht auch in der Zeit sein muß".[12]

Aufgrund der Vielzahl verschiedener Schöpfungsmythen in den unterschiedlichen Kulturkreisen muß man einer rein monistischen, d. h. monokausalen Erklärung des Kosmos widersprechen. Auch die Evolutionstheorien, die eine Kombination mehrerer Evolutionsfaktoren aufweisen, widersprechen einer monokausalen Erklärung.

Es ist eine Anmaßung des menschlichen Geistes, von einem

[10] Zit. in: Eidlitz, W.: Der Sinn des Lebens, Freiburg i. Br. 1974, S. 184.

[11] Vgl. Schärer, H.: Die Gottesidee der Ngadja Dayak in Süd-Borneo, Leiden 1946.

[12] Eliade, M.: Die Sehnsucht nach dem Ursprung, Wien 1973, S. 201.

Schöpfungsbericht zu sprechen; denn der Schöpfungsakt ist und bleibt ein Mysterium und kann nicht einfach protokolliert werden, als seien wir beim Schöpfungsakt zugegen gewesen. Spricht man dennoch vom Schöpfungsbericht, festgelegt sogar in Tagen, so vollzieht man einen Glaubensakt, der wiederum selbst von einer bestimmten Weise der göttlichen Schöpfung Kunde gibt.

Den verschiedenen Schöpfungsmythen, ob im Osten oder im Westen, ob sie die Hypothese von der „creatio ex nihilo" oder dualistisch von einer präexistenten Materie oder gar Schöpfung als Experiment darstellen, liegt die tiefe Überzeugung zugrunde, daß das Weltall und die Menschen und alle Wesen in ihm Geschöpfe sind. Aus dem Chaotischen wird die Schöpfungsordnung geboren. Es gibt jedoch auch die Hypothese, z. B. im Sāmkya-System des indischen Denkens, die einen harmonischen Gleichgewichtszustand in der Urmaterie vor aller Schöpfung postuliert. Gerät dieses Gleichgewicht aus irgendeinem Grunde in Unordnung, entfaltet sich die Urmaterie. Diesen Prozeß der Entfaltung nennt man Evolution (Srishti).

Die Konzeption einer vergleichenden Schöpfungsmythologie weist den Anspruch des Evolutionismus zurück, daß die Schöpfungsmythen durch ihn überflüssig würden. Die Urknallhypothese nimmt einen Anfang an, aber kein Ende des unendlichen Prozesses. Wie kann aber ein unendlicher Prozeß nur zum Ende hin und nicht auch an seinem Anfang unendlich sein? Ist der Urknall ein Naturereignis gewesen, so kann es sowohl unser Glück als auch unser Unglück bedeuten; denn alles hängt davon ab, wie die Zukunft dieser Evolution aussieht. Vor einem Zweckoptimismus sei hier gewarnt.

Die Evolutionslehren stellen solche und ähnliche Fragen nicht, weil sie die Evolution von den Evolutionsfaktoren her immanent erklären wollen und nicht von einem Schöpfer außerhalb der Schöpfung ausgehen. Auch wenn einige Naturforscher einen solchen Eindruck erwecken und meinen, „Das Ich und sein Gehirn" im Gegensatz zu der These „Das Gehirn und sein Ich" vertreten zu können.

Eine vergleichende Schöpfungsmythologie weist ebenso den Gedanken einer restlosen Entmythologisierung zurück; denn sie sieht in den Mythen eine nicht abgeleitete, ursprüngliche Weise der Welt- und Menschendeutung. Ihr ist auch der Anspruch eines bestimmten Schöpfungsmythos, der einzig zutreffende zu sein, suspekt; sie vertritt nämlich eine Gleichrangigkeit der Mythen. Für eine vergleichende Schöpfungsmythologie sind alle Mythen nicht bloß Erfindungen des menschlichen Geistes. Sie sind Einfälle, Deutungsmuster, die dem endlichen Menschen auf der Suche nach dem Weltgrund widerfahren. Es ist die Aufgabe einer vergleichenden Schöpfungsmythologie, die ursprüngliche und einheitliche Botschaft des Numinosen trotz oder gerade wegen der Vielfalt der Schöpfungsmythen ins Zentrum zu stellen.

Für den religiösen Geist Indiens ist das eigentliche Mysterium der göttlichen Schöpfung ein undurchschaubares Spiel. Daher erscheint die Welt ewig und wahr. Sobald wir jedoch wissen, daß alles nur Gottes Spiel gewesen ist und es außer ihm nichts gibt, werden wir auch wissen, daß die Welt nie in Wahrheit existiert hat, existiert und existieren wird.

In unserem Zeitalter (Max Scheler spricht vom Weltalter), das nach einem Ausgleich förmlich schreit, sind provinzialistisch gefärbte Kryptoapologien fehl am Platze. Vielleicht bringt uns das vorurteilslose Erzählen und Beschreiben der Mythen verschiedener Völker – ob sie noch existieren oder nicht – der von uns allen immer geahnten Urbotschaft der Mythen näher, einer Einheit, die verschiedene bunte Kleider trägt, je nachdem wo, wann und warum Mythen erzählt werden.

Der Grundgedanke, welcher der Konzeption einer vergleichenden Schöpfungsmythologie zugrunde zu liegen hat, ist folgender: Der Pluralismus der Mythen ist weder ein progressives Nacheinander noch entspringt er einer in ein stufentheoretisches Schema eingebundenen Standortbestimmung; der Pluralismus verlangt eine Gleichrangigkeit, Gleichzeitigkeit und gleiche Ursprünglichkeit der Mythen. Kurz: Es geht um das Nebeneinander der Mythen. Zu behaupten, ein hinduistischer, christlicher oder buddhistischer Mythos erkläre das Geheimnis der Schöpfung besser als die Mythen der ozeanischen oder indianischen Völker, ist eine Anmaßung und ein Vorurteil, entstanden aus der speziellen Standpunkthaftigkeit.

Unsere Darstellung der verschiedenen Muster und Modelle der Schöpfungsmythologien hat deutlich werden lassen, daß die Hermeneutik einer vergleichenden Schöpfungsmythologie nicht reduktiv sein kann und sein darf. Denn jeder Mythos ist ursprünglich und unverwechselbar. Er kann nicht durch das Erzählen eines anderen ersetzt, aufgehoben oder gar wegerklärt werden. Ist nicht eine solche Sichtweise der Dinge auch auf dem Gebiet der Schöpfungstheologie dem ökumenischen Geist dienlich? Sowie der eine Gott sich verschieden zeigt, sich verschieden erfahren läßt, so läßt er auch verschiedene Berichte hinsichtlich seiner Schöpfung zu.

Schöpfung und Evolution

Ist Schöpfung wesentlich mit einem intelligenten Prinzip (mit einem Schöpfergott) verbunden, so muß der Schöpfergott der Evolution vorausgehen. Evolution und Schöpfung können so noch zusammen gedacht und in Einklang gebracht werden.

Der Rede von einer gottgewollten, gottgelenkten Evolution liegt der Gottesglaube zugrunde als eine unbedingte und aus dem Verlauf der Evolution selbst nicht hervorgehende Voraussetzung. Die Schöpfungsmythen gehen in den Evolutionslehren nicht auf.

Auch wenn der Schöpfergott nicht die Ursache der Schöpfung im Sinne einer räumlich-zeitlichen Naturkausalität sein kann, wird von der theologischen Seite der Evolution eine causa sui (Selbstverursachung) abgesprochen.

Wird aber die Evolution als ein Selbstverursachungsprozeß angesehen, so erübrigt sich die Frage nach der Ur-Ursache. Evolution und Schöpfung befinden sich in einem Gegensatz, wenn die Grundannahme der evolutionären Kosmogonie gilt, ohne Mitwirkung eines Schöpfergottes auskommen zu können, der der Autokosmogonie diametral entgegengesetzt ist.

Ob wir die Evolution theistisch, atheistisch oder gar agnostisch deuten, die Frage nach dem Woher, Wohin, Woraus, Warum und Wozu der Evolution bleibt wesentlich mit dem Auftauchen des Faktums des menschlichen Bewußtseins und Geistes, der menschlichen Vernunft verbunden. Es sind wohl nur die Menschen, die die Frage nach dem Wann, Woher und Wozu dieser Welt stellen. Es mag sein, daß auch wir im kosmischen Haushalt der großen Natur dem ewigen Gang der Dinge unterworfen sind. Aber mit dem Fragenstellen aufzuhören, vermögen wir wohl nicht.

Ist die Schöpfung ein Geheimnis (und dies ist sie in der Tat), so erhebt sich die Frage, ob der Schlüssel zu diesem Geheimnis der Mensch als ein Naturprodukt oder der Mensch als ein Gottesgeschöpf sein kann.

Die erkenntnistheoretisch wichtigste Frage im Hinblick auf die Schöpfung bzw. die Evolution lautet: Zu welchen Deduktionen, Induktionen, Hypothesen oder Intuitionen gelangen wir nach einer getreuen Beobachtung des Weltalls? An dieser Stelle scheiden sich die Geister. Die einen meinen die Evolution und die dauernde Schöpfung der Welt, die anderen die Schöpfung und die evolutionären Veränderungen in der Welt.

Unser naturwissenschaftlich-evolutionäres Naturverständnis macht das Bedürfnis nach dem Mythos nicht überflüssig. Es ist in der Tat falsch, zu meinen, das mythische „Erklären“ der Welt stelle bloß eine Vorform der Wissenschaft dar. Dem Mythischen kommt eine ursprüngliche Weise der Weltdeutung zu, und die hat ihre eigene Berechtigung. So wie die Aufklärung die Religion nicht hat überflüssig machen können, werden auch die Evolutionslehren die Schöpfungsmythen nicht abschaffen können. Beide sind Wege zu einem Gottes- oder Weltverständnis.

Die Schöpfungsmuster und die Stellung des Menschen

Die Mythenwelt Indiens, nicht nur des Hinduismus, sondern auch des Buddhismus und Jainismus, ist so dicht besiedelt, daß fast alle Muster der Schöpfungsmythen in ihr direkt oder indirekt enthalten sind. Eine multidimensionale Schöpfungstheologie entspricht ja auch dem Geist des Hinduismus.

Materie und Gott existieren seit Ewigkeit nebeneinander. Dies ist das dualistische Muster. Es hat seine Vor- und Nachteile. Vor aller Schöpfung gibt es nichts mit Ausnahme des Ureinen. Dies entspricht der „creatio ex nihilo“. Eigentlich gibt es nur den einen Schöpfer, die Schöpfung ist letztendlich eine wunderbare Täuschung, ein wunderbares göttliches Spiel. Wer Gott erkannt, erfahren hat und mit ihm eins geworden ist, erkennt diesen Māyā-Charakter der Schöpfung.

Da der Hinduismus von Hause aus die Vielfalt als eine von Gott gegebene, von Gott gewollte und ihn preisende Tatsache annimmt, hat er nie den Versuch unternommen, einen bestimmten Schöpfungsmythos als allgemein verbindliches Dogma zu deklarieren.

Zwei Grundmuster seien hier besonders hervorgehoben: die impersonalistische und die personalistische Konzeption der Schöpfung. Die erste geht von einer ursprünglichen Ordnung, Harmonie, von einem Gleichgewicht aus; die zweite dagegen nimmt eine Ordnung an, die von einem Schöpfergott immer wieder geschaffen und erhalten wird. Der Gedanke einer Zerstörung, um die Schöpfung neu einzuleiten, liegt hier nahe.

Die impersonalistische Konzeption ist sicherlich nicht ausgesprochen theistisch, weil sie einer Urordnung, die kein Gott hervorgebracht hat, vertraut. Könnte der moderne Gedanke von einer Urharmonie im großen Haushalt der kosmischen Natur, von der sogenannten Öko- und Biosphäre, von dem sogenannten Aufeinander-

Angewiesensein aller Wesen in der Natur vielleicht nicht doch ein diesem alten Mythos verwandter Gedanke sein?

Das personalistische Muster der Schöpfung ist dagegen ausgesprochen theistisch. Denn der Schöpfergott ahmt keine Ordnung nach; er bringt sie erst hervor, sei es aus einem Urstoff oder aus seinem unergründlichen reinen Willen. Die Erhaltungsfunktion der Schöpfung ist göttlich, und dies mahnt uns Menschen, mit der Schöpfung gottesfürchtig und respektvoll umzugehen. Dies ist aber nur möglich, wenn die Menschen, und die heutigen mehr als jemals zuvor, den Hochmut ablegen, sich als Herren der Schöpfung zu betrachten. Nur so hätte der ökologische Gedanke eine echte Chance.

Ein Wort zur heutigen Situation, in der der Mensch in einer nie gekannten Weise die ganze Welt (Pflanzen-, Tier- und Menschenwelt) seiner Verfügungsgewalt unterworfen hat, sei hier erlaubt. Der Gedanke ist von der Wahrheit nicht weit entfernt, daß der moderne Mensch seine Naturverbundenheit, sein Naturschutzbedürfnis nicht so sehr aus Naturliebe und Gleichberechtigung zwischen ihm und ihr, sondern nur aus Selbstliebe und um seiner selbst willen so dringlich empfindet. Eine echte Solidarität mit allen Wesen in der Welt setzt ja die gläubige Überzeugung voraus, daß die Welten der toten Dinge, der Pflanzen und Tiere nicht einfach dazu da sind, um dem Menschen als Mittel zum Zweck zu dienen; nein, sie haben eine Existenzberechtigung sui generis und stehen in einem Verhältnis der lebensnotwendigen Gegenseitigkeit. Nicht nur der Mensch, sondern auch die Tiere sollen in ihrem „Naturrecht" respektiert und anerkannt werden. Es ist ein menschliches Vorurteil, die Naturrechtlehre anthropozentrisch auslegen zu wollen. Solange die Anthropozentrik vorherrschend ist, bleibt die Rede von einer Ethik und Ökologie ein Gerede. Die Beziehung vom Menschen zur Natur ist auch umgekehrt lesbar, nämlich von der Natur zum Menschen. Es handelt sich um eine gegenseitige und nicht um eine einseitige Abhängigkeit.

Der Geist der hinduistischen Schöpfungsmythen – und dies ist der rote Faden – ist von der Überzeugung beseelt, daß es eine von uns nicht leicht auslotbare, sehr tiefliegende Verwandtschaft zwischen der Pflanzen-, Tier- und Menschenwelt gibt. Diese trägt uns, und wir sind verpflichtet, sie zu tragen. Es ist ein Prozeß des Gebens und Nehmens. Die einseitige Ausbeutung ist nicht nur in dem sozio-ökonomischen Bereich, sondern auch in dem großen Bereich Mensch – Natur ein zweischneidiges Schwert.

Den indischen Schriften gemäß liegt die Größe des Menschen nicht so sehr darin, daß er die Krone der Schöpfung, der Herr der

Erde ist, sondern darin, daß er weiß, daß ein göttlicher Funke in jedem Wesen zu finden ist. Darüber hinaus besteht die Größe des Menschen auch darin, daß er als ein erkennendes Wesen die kosmische Verwandtschaft und Solidarität in einem holistischen Geist zu erkennen, anzuerkennen und zu respektieren vermag. Er ist ein primus inter pares in dem großen Haushalt der Schöpfung. Der menschliche Wissens- und Bewußtseinsvorsprung ist kein Freibrief, mit der Schöpfung beliebig umzugehen, sondern eine Verantwortung, sich und die Natur zu erhalten.

Evolution und Menschheitsgeschichte bilden ein Thema späteren Datums in der unermeßlich langen Dauer der Evolution des Ganzen. Evolution war am Werke auch auf der sub-humanen Stufe, auf der noch unbewußten Stufe. Die Frage nach dem Woher, Wohin und Warum konnte noch nicht gestellt werden; denn die Evolution hatte die Menschen (die humane Stufe) noch nicht freigegeben. Erst jetzt stellt der Mensch die Frage nach dem Telos des Alls und nach dem Urstoff der Schöpfung.

Ob die Evolution mit dem Erreichen der menschlichen Stufe ihr Ziel erreicht hat oder nicht, kann rein wissenschaftlich kaum ausgewiesen werden. Ob die goldene Phase der Evolution hinter ihr oder vor ihr liegt, ist eine Frage, deren Beantwortung noch auf sich warten läßt. Es gibt Denker (Jacques Monod), die das Schicksal des Menschen mit dem Gesang der Zigeuner am Rande der Schöpfung vergleichen, wobei die Schöpfung für diese Musik taub ist. Die vom Glauben getragenen Schöpfungsmythen hingegen erblicken in den Menschen die Nahtstelle zum Göttlichen. Alle Wesen dürfen den Schöpfergott beanspruchen. Die menschliche Gattung bildet hier keine Ausnahme.

Oft wird unverständlicherweise der Hinduismus als eine fatalistische und pessimistische Religion bezeichnet. Hört man jedoch genau die Botschaft der hier anfangs zitierten Worte Krishnas aus der Bhagavadgitā, so erfährt man darin ein Versprechen Gottes, das er den Menschen gibt, immer dann zu Hilfe zu eilen, wenn die dharma-Ordnung gefährdet ist. Eher sollte man dem Hinduismus eine viel zu optimistische Haltung bescheinigen. Die göttliche Urquelle würde versiegen, sollte jemals eine einzige Religion, eine einzige Inkarnation diese allein und nur für sich in Anspruch nehmen.

4. Kapitel

ZUR REINKARNATIONSLEHRE

Vāsāmsi jirnāni yathā vihāya navāni grihnāti naro 'parāni, tathā sharirāni vihāya jirnāny anyāni samyāti navāni dehi. (Wie ein Mann abgetragene Kleider ablegt und andere, neue anzieht, so legt auch die Seele die abgetragenen Körper ab und geht in andere, neue ein.)

Gitā

Wiedergeburt und Auferstehung

Wählt man die Überschrift „Wiedergeburt oder Auferstehung", dann leistet man der Auffassung Vorschub, man habe sich für die eine oder andere Alternative zu entscheiden. Zunächst ist jedoch zu fragen, ob dieses *oder* im Sinne von aut oder vel in der lateinischen Sprache zu deuten ist. Aut ist zu übersetzen mit: entweder das eine oder das andere, aber nicht beides. Vel ist zu übersetzen mit: entweder das eine oder das andere oder gar beides. Nach dieser kurzen Erläuterung würde ich in unserer Überschrift für die Interpretation des Oder im Sinne von vel plädieren. Wiedergeburt und Auferstehung sind zwei Glaubenssätze, entstanden in zwei Formen der echten Religiosität.

Auferstehung verbindet sich mit Gericht, Strafe, Belohnung, Gnade für alle Ewigkeit. Die Wiedergeburt läßt sich ebenfalls mit Strafe, Belohnung, Gnade verbinden, je nach dem Standort der Reinkarnation im großen Haushalt der kosmischen Natur, der Tier-, Menschen- und Götterwelt. Wiedergeburt und Auferstehung sind zwei Muster, die das Schicksal des Menschen nach dem Tod erklären möchten. Sie widersprechen einander nicht. Sie sind eher zueinander komplementär. Beide sind richtig, weil keines der beiden Muster nur allein wahr sein kann.

Das indische religiöse Denken nimmt eine moralische Kausalität an, die wie eine transzendente Macht über die Raum-Zeit-Grenze hinaus wirkt. Das Karmagesetz und die Wiedergeburtslehre sind die beiden Dogmen des religiösen Denkens der Inder und werden über die theistischen, pantheistischen und atheistischen Grenzen hinweg von allen Religionen anerkannt. Diese metaphysischethische Grundanschauung (sieht man von den Skeptikern und Materialisten ab) läuft wie ein roter Faden durch die verschiedenen religiösen Systeme.

Wiedertod und Wiedergeburt

Reinkarnation, Wiedergeburt, Wiederverkörperung, Seelenwanderung, Metempsychose, Wiederauferstehung u. a. sind abendländische Etiketten. Daß sie nicht genau das wiedergeben, was sinngemäß verwandte Ausdrücke aus der religiösen Literatur Indiens beschreiben, ist aufgrund des anderen kulturellen Hintergrundes verständlich. Daß sie aber überhaupt keine Bedeutungsüberlappungen zeigen, ist ebenso falsch. Denn wären unsere Begriffe so total unübertragbar, so könnten wir nie miteinander kommunizieren.

Daß diese Welt ein Jammertal ist, ist eigentlich nicht die Einstellung der vedischen Ārier. Ihre Einstellung ist nicht pessimistisch. Sie bitten die Götter um ein langes Leben hier auf Erden. Diese bejahende Einstellung der vedischen Ārier verändert sich im Laufe der weiteren Entwicklung des indischen religiösen Denkens.

Im Rigveda ist jedoch auch die Rede von einem Jenseits, von einem Ort höherer und reiner Freude und Wonne. Es ist der Ort, wo die Väter leben. Die vedischen Seher glaubten an eine unsterbliche Substanz, die nach dem physischen Tod in eine andere Welt eintritt, um dort die Früchte der guten Taten zu ernten. Damals gab es die Idee der Wiedergeburt noch nicht. Die Toten wechselten in eine andere Welt ohne Wiederkehr. Der Vergleich mit der Auferstehung bietet sich hier an.

Die vedische Eschatologie zeigt zwei Wege auf, die der Seele nach dem Tode offenstehen: den Weg der Väter (pitriyāna) und den der Götter (devayāna). Paul Deussen bezeichnet dies als „Zweiweglehre". Der Weg der Götter ist der der Weisheit, Reinheit und der spirituellen Erkenntnis. Dazu heißt es: Wer das rechte Wissen besitze und seine Pflichten erfülle, werde nach dem Tod zur Unsterblichkeit geboren. Derjenige, dem dies jedoch fehle, werde eine Beute des ständigen Kommens und Gehens im Strom der Ereignisse, d. h. in der Welt.

Es ist bemerkenswert, daß die vedische Literatur, bevor sie sehr vage die Idee einer Wiedergeburt erwähnt, sehr deutlich vom Wiedertod (punarmrityu) spricht. Der Wiedertod ist keine endgültige Vernichtung, sondern hat ein Wiedererstehen im Jenseits zur Folge.

Vom Wiederkommen auf die Erde ist hier noch keine Rede. Was gilt, ist der Aufenthalt der Seele in einem Jenseits entsprechend den karmas. Die vedische Vorstellung von dem Wiedersterben und Wiedergeborenwerden bezog sich auf die jenseitige Welt. Dies ist eher mit der christlich-islamischen Ansicht von der Einmaligkeit des Lebens verträglich.

In den Upanishaden wandelt sich diese Vorstellung dahingehend, daß die Wiedergeburt nun in diese Welt verlegt wird. Mit anderen Worten, diese Vorstellungen von den nur jenseitigen und diesseitigen Vergeltungen bestehen nicht nur nacheinander, sondern zum Teil und eine Zeitlang nebeneinander. Nicht allen Upanishaden ist die Idee der Wiedergeburt auf Erden vertraut. Daß die Wiedergeburten einen Prozeß der Reinigung und Läuterung darstellen, macht sich der indische Geist mit der Zeit zu eigen. Da die Verdienste der Taten auf Erden begrenzt sind, muß der Mensch zur Erde zurückkehren, nachdem die Früchte der Taten aufgezehrt sind. Das unbestechliche Karmagesetz scheint im Sinne der Verhältnismäßigkeit zu arbeiten.

Das Rad der Wiedergeburten (samsāra)

Für das indische religiöse Denken sind die Mythologisierungs- und Entmythologisierungsthemen keine sich ausschließenden Gegensätze. Die Mythen besitzen ihr eigenes Recht auf Dasein und können weder durch Vernunft noch durch Offenbarung ganz getilgt werden. Der unermeßliche Schatz von Mythen erklärt nicht nur die Welt, die Götter und die Menschen, sondern sogar das soziale Leben. Die Lehre von der Wiedergeburt ist jedoch eher ein Dogma als ein Mythos; denn sie bildet einen wichtigen Glaubensartikel der indischen Religionen.

Das Hauptthema ist das Entstehen, Bestehen und Vergehen der Dinge, ja sogar der Welten schlechthin. Die Zeiten kehren wieder. Tag und Nacht, Morgen, Mittag und Abend bewegen sich in einem zyklischen Rhythmus. So ist es auch mit der Wiederkehr, dem endlosen Kreislauf von Geburt und Tod. Diesen Kreislauf nennt man die Welt (samsāra – Daseinskreislauf.). Nicht Entmythologisierung, sondern nur das Erreichen der „unio mystica“, des „das bist du“, kann die Kette der Wiedergeburten durchbrechen. Die menschliche Seele war vor aller Geburt mit dem Schöpfer; sie kannte noch nicht die schmerzliche Trennung. Ihr Ziel ist daher, die verlorene Einheit zu erreichen. Moksha, die Befreiung, ist daher auch das Ziel aller menschlichen Bemühungen. Das Nicht-geboren-werden-Müssen soll bewirkt werden.

Auf drei Ebenen sollte man die Problematik der Wiedergeburt behandeln: auf der kosmischen, der göttlichen und auf der menschlichen Ebene. Es gibt einen universalen Weltzyklus mit vier ab- und ansteigenden Zeitabschnitten. Diese werden yugas genannt. Etwas Entsprechendes könnte man in der klassischen Antike erblicken, und zwar in der Einteilung: Gold, Silber, Bronze und Eisen. Die vier Weltalter der Inder (yugas) heißen: krita- (satya-), tretā-, dvāpara- und kali-yuga. Sie sind nach dem Würfelspiel benannt. Mit dem Fortschreiten der Zeit nimmt die moralische Qualität ab. Deshalb heißt das letzte Zeitalter eines Zyklus das schwarze Zeitalter.

In dem heiligen Buch der Hindus, Gitā, welches in seiner Bedeutung der Bibel oder dem Koran vergleichbar ist, verspricht Krishna den Menschen, daß er sich immer wieder inkarnieren wird, wenn die dharma-Ordnung, d. h. die ethisch-moralische Ordnung, abnimmt und in Gefahr gerät, von finsteren Mächten aufgelöst zu werden. An dieser Stelle werden die zum Dogma erhobenen zehn Inkarnationen des Einen erwähnt.

In dem Bhāgavat Purāna heißt es, daß das Eine den Weltenschöpfer Brahmā schafft. Diese Welt wird von Vishnu aufrechterhalten und von Shiva zerstört, um wieder eine neue Schöpfung einzuleiten. Diese Hindutrinität hat ihre eigene Funktionalität in dem Kreislauf von Werden, Bleiben und Vergehen. In der Parabel der Ameisenparade wird auf die Frage, welcher Brahmā gemeint sei, darauf verwiesen, daß es eine Schar von Brahmās gibt. Denn nicht nur der Mensch, sondern auch die Götter sind dem Rad der Wiedergeburten unterworfen.

Von diesem Rad wird in den heiligen Schriften der Hindus immer wieder berichtet. Es heißt, daß alle Wesen, die ein Gott abgewandtes Leben führen, an den endlosen Kreislauf der Wiedergeburten gebunden sind. Ihren früheren Taten gemäß treiben sie im Strudel dieser Wandelwelt. Dieser Prozeß setzt sich so lange fort, bis der Handelnde erlöst ist. Von totaler Vernichtung oder ewiger Strafe nehmen die indischen Religionen Abstand.

Unter den konkurrierenden Lehren vom Tode als dem endgültigen Geschehen, das entweder zur ewigen Strafe oder zur ewigen Belohnung führt, erscheint die Lehre von der Wiedergeburt vernünftiger, befriedigender und auch demokratischer. Die Psychologie dieser Lehre besagt folgendes: Ich hege einen bestimmten Gedanken, aufgrund dessen ich eine Tat vollbringe, deren Wiederholung zur

Gewohnheit führt. Diese wiederum formt den Charakter, welcher schließlich zum Schicksal wird. Dies gilt sowohl im Guten als auch im Bösen. Dabei geht es um das Verantwortungsgefühl, das in der Bereitschaft besteht, die Konsequenzen zu tragen. Die Ursache der Wiedergeburt ist weder die Willkür Gottes noch das blinde Schicksal noch der Zufall, sondern die Ursache sind nur die Karmas allein.

Die Karma-Lehre und die Wiedergeburt

In den indischen Religionen ist der Urglaube tief verankert, daß alle menschlichen Handlungen, Taten (karmas) ihre Wirkungen haben. Daraus ergeben sich für die Seele auf ihrer Reise drei verschiedene Stadien: Präexistenz (Vorgeburt), Existenz (Geburt) und Wiederexistenz (Wiedergeburt). Jede Existenz in der Hülle eines Körpers ist nach der Karma-Lehre das Resultat der früheren Taten. Das Gesäte muß geerntet werden. Auch Paulus sagt: Was der Mensch sät, muß er ernten. Dies entspräche einem von Gott gelenkten Karma-Gesetz.

Der Ursprung der Karma-Lehre kann bis zu den vedischen Āriern zurück verfolgt werden. Sie glaubten an die Wanderung der menschlichen Seele in den Welten der Götter, Tiere, Menschen und sogar in der Welt der Planzen. Diese Lehre ist weit entfernt von einem bloßen Aberglauben; denn sie leistet eine plausible Erklärung im Sinne einer Kausalität. Bei dieser Lehre sind drei Aspekte zu unterscheiden: Zunächst besitzt sie den kosmischen Aspekt, der ihr einen Status vergleichbar mit der Naturkausalität verleiht. Jede Tat, jede Bewegung hat eine natürliche Wirkung. Ferner hat diese Lehre einen psychischen Aspekt, weil jede Tat eine ihr entsprechende Disposition, Neigung hinterläßt (samskāra). Schließlich stellt diese Lehre den Glauben an eine moralische Ordnung dar. In den Veden wird sie Rita-Ordnung genannt, was sowohl im personalen als auch im impersonalen Sinne verstanden werden kann. Die Rita-Ordnung liegt dem ganzen Kosmos zugrunde. Sie gestaltet die Ordnung mit ethisch-moralischer Kraft.

Explizit wird die Karma-Lehre in den Upanishaden vertreten, und diese waren Buddha gut bekannt. Darin geht es nicht nur um das Problem der Unsterblichkeit und die künftige Lage der Seele, sondern um das Wo, um die Herberge der Seele. Im Gegensatz zu den Veden, die alles auf das Jenseits projizieren, wird dieses Wo in den späteren religiösen Traditionen der Inder mit unserer Welt identifiziert. Dies führt dann zu dem eigentlichen Begriff der Reinkarnation, d. h. Wiedergeburt.

Die Mythologie der Upanishaden sieht die Welt als große Bühne, auf der sich die Wiedergeburt abspielt. Der eigentliche Karma-Stoff, das Wesen des Karma, das die Wiedergeburt verursacht, bleibt ein Mysterium. Dieses wird unterschiedlich gedeutet. Einige Systeme glauben an feine Astralkörper, und diese können die Wiedergeburt sogar ohne Eltern erklären. Andere gehen von der Kombination und Wirkung der gunas, den Konstituenten der Urmaterie, aus.

Das Gesetz des Karma, das die Wiedergeburten bestimmt, setzt keinen Gott voraus, der nach Maßgabe und eigener Gerechtigkeit den Menschen jeweils für ihre Handlungen Belohnung oder Strafe zumißt. Das Karma-Gesetz läßt sich auch nicht mit einem ausweglosen, fatalistischen Schicksal vergleichen; denn die Kette der Wiedergeburten hat ein Ende und zielt auf die Erlösung von dieser Wandelwelt. Je reiner die Taten, desto näher rückt der Mensch an das göttliche Jenseits. So sind es die Taten, die uns fesseln oder auch befreien.

Nach der Karma-Lehre ist die Vergangenheit festgelegt, während sich die Zukunft offen gestaltet. Die Taten dieses Lebens bestimmen Art und Weise der neuen Geburt. Und die Taten können bewußt vollzogen werden. Damit hat der Mensch grundsätzlich die Möglichkeit, die Kette zu durchbrechen. Er kann die Taten in diesem Leben so gestalten, daß sie keine Wiedergeburt verursachen, daß sie so rein sind, daß sie keine Schatten werfen. Denn die Wiedergeburt ist vorbestimmt, nicht die Taten der künftigen Geburt.

Im indischen religiösen Denken bedarf das Karma-Gesetz nicht unbedingt eines Lenkers. Es steht jedoch bei den atheistischen Systemen im Zentrum. Als Beispiele seien der Buddhismus und der Jainismus genannt. Bei den Buddhisten wollen wir kurz auf eine besondere Schwierigkeit eingehen. Für sie gibt es keine identisch bleibende Seele. Dann stellt sich die Frage, was wiedergeboren wird. Es kann nicht derselbe Ananda oder derselbe Peter sein, der wiedergeboren wird, weil alles dem ewigen Wandel unterworfen ist. Es kann aber auch nicht ein ganz anderer sein; denn dann erntet A, was B gesät hat. Die Buddhisten lösen dieses Problem, indem sie auf das Beispiel der Wellen verweisen. Diese sind dauernd in Bewegung und pflanzen sich fort. Sie breiten sich in bestimmte Richtungen aus, ohne daß die schwingenden Teilchen den Ort ihrer Schwingung verlassen. Der Tod betrifft nur den groben Körper. Die Funktionen, die den Geist und die Serie der Taten bestimmen, sind die Kräfte, die

die Schwingung bewirken. Die bewirkten Bewegungszustände pflanzen sich fort. Auf diese Weise manifestieren sich Prädispositionen in einem künftigen Dasein, in der Reinkarnation. Der Buddhismus kennt nur die Wiedergeburt, aber keine Seelenwanderung, da es nach ihm keine Seele gibt.

Das Karma-Gesetz kann ebensogut von einem Gott gedacht und und mit Kraft versehen sein. Der indische Geist vertritt sowohl die theistische als auch die atheistische Version des Karma-Gesetzes und darüber hinaus viele Mischformen der beiden. Gottes Gerechtigkeit kann von ihrem Wesen her nicht mit der Wirkungskraft des Karma-Gesetzes in Widerspruch geraten.

Karma ist nicht nur die körperliche und geistige Handlung eines Individuums, sondern auch die Summe aller Konsequenzen seines Tuns in diesem oder in einem vergangenen Leben. Karma ist auch die Kette von Ursache und Wirkung im moralischen Felde. Karma ist die Saat, die keimt und Früchte trägt. Jedes Tun, welcher Art auch immer, erzeugt eine ihm entsprechende Disposition, die dann wie ein Mysterium ihre notwendige Wirkungsweise entfaltet und die Kette der Geburten entweder verlängert, verkürzt oder beendet.

Als Moralgesetz stellt das Karma-Gesetz für die Gläubigen eine Art Offenbarung des Absoluten dar. Dabei sind Karma-Gesetz und Wiedergeburt zwei Seiten derselben Medaille. Ob man im offiziellen christlichen Sinne an der Einmaligkeit und Unwiederholbarkeit des Lebens festhält oder im Sinne der indischen Religionen an dem Zyklus der Wiedergeburten, immer geht es um beides, nämlich zu glauben und zu handeln, um Seligkeit, Gottesnähe, nirvana, moksha, baikunda, den Himmel u. dgl. zu erlangen, unabhängig davon, ob man an Gott oder das Karma-Gesetz oder an Gott und das Karma-Gesetz glaubt.

Das Unbewußte und die Wiedergeburt

Nach den heiligen Schriften der Inder (z. B. Bhāgavat Purāna) enthält das Unterbewußte erstens die vergessenen und unterdrückten Eindrücke und zweitens die Wünsche und das Begehren aus den früheren Leben. Beides bleibt aktiv, und der Handelnde muß sich mit ihnen auseinandersetzen. Er kann sich dafür oder dagegen entscheiden. Darin zeigt sich seine Willensfreiheit. Der Handelnde kann seine Taten so gestalten, daß sie frei von Begierden sind, daß sie –

auch wenn sie nicht ganz ohne Motive sein können – auf das letzte Ziel der Selbst- und Gottesrealisation gerichtet sind. Unsere Karmas bestimmen die Wiedergeburt, aber sie bestimmen nicht das, was in der künftigen Wiedergeburt getan wird. Das Resultat der vergangenen Taten mag unkorrigierbar sein, aber die künftigen Resultate können von unseren jetzigen Karmas bestimmt werden. Handlungen, die nur Gottesdienst im Sinn haben, sind befreiend.

Die Dispositionen, Neigungen sind wie ein Feld mit Samen zu betrachten, welche immer wieder keimen, wachsen, reifen und schließlich in Form der Wiedergeburt als Frucht (phala) herunterfallen. Es gibt viele Wege der Läuterung und Überwindung: Handlungen ohne Begierde, Handlungen im Dienste an Gott, Handlungen, die nicht auf die Ergebnisse der Taten zielen, sondern auf die reine Pflichterfüllung gerichtet sind. Auch die verschiedenen Yoga-Wege dienen der Läuterung, um das Meer des Unbewußten mit den verschiedenen Dispositionen trockenzulegen. Wo ich war, soll Er (Gott) werden, könnte man Freud abwandelnd sagen. Nicht ich, sondern Er soll durch mich handeln. Der Mensch, der die lästige Kette der Wiedergeburt durchbrechen will, muß zunächst versuchen, nicht mehr zu sündigen. Dann muß er den Trieb zu sündigen verbannen. Schließlich muß er die Unwissenheit (avidiyā – māyā) beseitigen, die eigentlich dem ganzen zyklischen Drama zugrunde liegt.

In der gesamten Yoga-Praxis geschieht ein Initiationsritus der Wiedergeburt. Das Normale, das Unwissende in uns, das immer wieder den Verblendungen zum Opfer fällt, soll abgetötet werden, damit das Neue, das Wahre geboren werden kann. Diese Art von geistiger Wiedergeburt kennen fast alle Religionen. Hier sei im Christentum auf die Taufe verwiesen.

Der Tod als Übergang

Die Frage, was wohl nach dem Tode mit uns geschieht, beschäftigt und beunruhigt jeden von uns. Es sei denn, man gehört zu den Menschen, die behaupten, die Frage sei falsch gestellt, weil sie semantisch sinnlos sei. Gehen wir davon aus, die Frage sei berechtigt, so seien hier drei Antworten kurz erwähnt und besprochen.

Die erste Antwort, mit dem Tode sei alles zu Ende, die Vernichtung sei das Ende allen Lebens, befriedigt uns nicht, allein schon wegen des egoistischen Wunsches, nicht so abrupt enden zu wollen. Hinzu kommt der Glaube an die Unsterblichkeit der Seele in uns.

Der Mensch möchte wissen, wie es weitergeht. Die Frage, ob es überhaupt weitergeht, wird kaum gestellt.

Die zweite Antwort, es gebe eine ewige Vergeltung in Form von Strafe und Belohnung als Verweis in die Hölle oder in den Himmel, will uns wegen ihrer Unverhältnismäßigkeit nicht in den Sinn. Ewige Strafen oder ewige Belohnung für zeitlich begrenzte Taten stehen zu diesen in keinem Verhältnis.

Die dritte Antwort ist die der Wiedergeburt oder Reinkarnation. Die Reinkarnationslehre als ein Läuterungsweg mit dem Ziel, nicht mehr geboren zu werden, scheint dem menschlichen Befinden angemessen und zumindest als religiöse Hypothese einleuchtender zu sein als die beiden anderen Antworten. Ewige Vergeltungen gibt es wohl nicht und darf es auch nicht geben. Jedes Wesen erhält wiederholt die Chance, das Rad der Wiedergeburten ein für allemal zu verlassen. Ewige Seligkeit ja, ewige Strafe nein!

Das Unheimliche, aber zugleich Großartige und Anziehende der indischen Lehre von der Inkarnation ist ihre „phantastische Nüchternheit". Dieser Ausdruck klingt zudem paradox. Zum einen übersteigt die Kette von unzähligen Geburten ohne Anfang und Ende jede menschliche Vorstellungskraft. Zum anderen ist da die klare Ausrichtung auf das Ziel mit der Glaubensgewißheit, daß der ewige Strom des Kommens und Gehens überquert werden kann. Neben den Karmas, die uns Fesseln anlegen, gibt es solche, die uns befreien. Letztere werden uns helfen, das andere göttliche Ufer ohne Wiederkehr zu erreichen.

Das Woher und Wozu der Existenz überhaupt vermag der Mensch mit seiner Vernunft oder seinem Verstand nicht zu buchstabieren. Daher beansprucht die Reinkarnationslehre, eng verbunden mit der Karma-Doktrin, ernst genommen zu werden. Auch wenn das moderne technologische Denken ein geistiges Klima geschaffen hat, in dem die Reinkarnationslehre streng wissenschaftlich nicht aufweisbar ist, so hat gerade dieses Denken auch nicht die Unmöglichkeit und die Sinnlosigkeit dieser Lehre nachweisen können. Man würde gar dem Fehler der Eindimensionalität verfallen, wenn man das viel zu komplexe Geschehen um Leben und Tod nur der wissenschaftlichen Betrachtung überließe.

Die Lehre von der Wiedergeburt im engeren Sinne meint nicht das Weiterleben im Jenseits, sondern nur die Wiederkehr in diese Welt. Der Weg zurück ist ebenso ein Weg. Himmel und Hölle, die für das vedische Denken noch Orte im Jenseits waren, wurden von den Upanishaden in der indischen Tradition in das Diesseits verlegt.

Auch im christlich-europäischen religiösen Denken, das sich qualvolle Strafen und friedvolle Aufenthalte im Jenseits vorstellen kann, hat der Wechsel der Bühne etwas Unheimliches an sich. Im Geiste der Predigt von Paulus möchten wir meinen, daß Gott seiner nicht spotten läßt und dem Menschen das zukommen wird, was er verdient. An welchem Orte dies geschieht, ist wohl zweitrangig. Wichtig ist, daß alles, was der Mensch getan hat, nicht umsonst war, sei es im Guten oder im Bösen. Der gerechte Gott und das unbestechliche Karma-Gesetz diskriminieren nicht, beide differenzieren jedoch.

Das andere, das Fremde ist ja für den Menschen nicht Gott, mit dem die Seele vor der Geburt eins war, sondern diese Welt mit Raum und Zeit, mit Geburt und Tod. Das Nicht-geboren-Werden ist das Ziel; denn alles, was geboren wird, muß sterben. Goethe spricht von dem „Stirb und werde!" in seinem ›West-östlichen Diwan‹. Für die menschliche Seele gilt jedoch: Stirb, um nicht mehr zu werden! Die Kette der Geburten ist sicherlich eine lange, beschwerliche Reise, an deren Ende nichts Geringeres winkt als die Glückseligkeit, das Einswerden mit dem Ureinen, moksha.

Um dem Labyrinth von Tod und Geburt zu entrinnen, bedarf die Seele auf ihren Wanderungen immer wieder der menschlichen Gestalt. Die folgende Parabel erläutert den Weg der Seele: Ein blinder Mann befindet sich in einem Labyrinth mit über acht Millionen Ausgängen, aus denen er den richtigen auswählen soll. Die scheinbaren Ausgänge stellen die verschiedenen nichtmenschlichen Reinkarnationen dar; das richtige Tor jedoch ist das menschliche Leben. Wohlgemerkt, auch die Götter müssen durch dieses Tor hindurch, um das letzte Ziel zu erreichen.

Die Frage, ob die Reinkarnationslehre als ein Glaubensartikel eines Beweises bedarf, ist zu verneinen. Der Glaube ist der allgemeinen Begründung enthoben. Dennoch gibt es Aufweisversuche. Auch eine Wiedererinnerung an frühere Geburten bleibt nur wenigen vorbehalten. Buddha war z. B. in der Lage, einen lückenlosen Bericht über seine früheren Geburten zu geben. Ebensowenig sind die paranormalen, para-psychologischen und medialen Fähigkeiten Allgemeingut.

Als eine Hypothese, als ein religiöses Postulat kann die Reinkarnationslehre von uns allen besprochen und interpretiert werden. Läßt man die Fragen nach der genauen Art und Weise, nach dem Wo und Wann der Wiedergeburten ausgeklammert, weil sie kaum zu beantworten sind, dann leuchtet es dem wissenschaftlich offenen

Geist ein, daß diese Lehre eine notwendige Folge der spirituellen Kausalität ist. Das Karma-Gesetz ist beseelt von sittlicher Kraft.

Wiedergeburt ist ein erneutes Geborenwerden in diese Welt nach dem Karma-Gesetz als dessen Urheber. Wie eine Raupe sich zu einem anderen Halm hinüberzieht, nachdem sie sich an einem Grashalm hinaufgewunden hat, so zieht sich der Mensch in ein neues Dasein hinüber, nachdem er seinen Körper abgelegt hat. Die Upanishaden sind voll von Vergleichen, die das Geschehen der Wiedergeburt erläutern sollen.

Nach welchem Gesetz findet die Wiedergeburt statt? Es ist das unbestechliche Karma-Gesetz, das die neue Geburt bedingt, aber nicht die Taten der künftigen Geburt festschreibt. Die Lehre vom Karma stellt keinen strengen Determinismus dar.

Wird dieses Gesetz von einer höheren Instanz wie z. B. Gott überwacht und gelenkt oder nicht? Sowohl ja als auch nein. Es gibt in der indischen Tradition sowohl theistische als auch atheistische Versionen der Karma-Lehre.

Wie und wann kann die Kette der Wiedergeburten beendet werden? Die Kette bricht ab, wenn die Taten rein sind und keine Schatten mehr werfen. Wenn das Öl der Begierde und Verblendung verbraucht ist, wird die Lampe nicht mehr brennen.

Die Karmas lassen sich mit einem Gift vergleichen, das eine krankmachende und eine heilende Eigenschaft hat (die Wiedergeburt einleitende und die Wiedergeburt verhindernde Eigenschaft).

Ob Wiedergeburt oder Auferstehung – die indische Religiosität ist ethisch-moralisch motiviert, sieht im Verlassen des Rades von Wiedergeburten und im Erreichen des „Das bist du", der „unio mystica" das Endziel des irdischen Daseins. Trotz oder gerade wegen der Karma-Gläubigkeit ist sie im Grunde genommen zukunftsorientiert. Hierbei ist die Frage, ob die Läuterung in der Zirkularität der Reinkarnation oder in der Linearität der Auferstehung geschieht, zweitrangig. Erlösung ist sowohl das Ziel des Abend- als auch des Morgenlandes.

Die Doktrin von der Reinkarnation steht und fällt mit der Karma-Lehre. Diese wird nicht nur von den Hindus, sondern auch von den Buddhisten und Jainas vertreten. Die eigentliche Logik dieses Glaubens besteht in der Ansicht, daß der Mensch sich zuerst moralisch und spirituell vervollkommnen muß, bevor er Erlösung erhoffen und erlangen kann. Und gerade diese Erlösung besteht in dem Verlassen der Bühne des Lebens. Dies ist auch bei der Auferstehung der Fall. Dem Hindu erscheint es nur als selbstverständlich, daß die

Läuterung, die zur Erlösung notwendig ist, nicht in einem einzigen Leben erreicht werden kann. Hierbei spielt die Gerechtigkeit, die das Gesetz des moralischen Lebens ist, eine große Rolle. Karma und Wiedergeburt sind letztlich Instrumente dieses ewig wirkenden Gesetzes.

5. Kapitel

DIE DREI YOGA-WEGE DES HINDUISMUS

> To the worker, it is the union between men and the whole of humanity; to the mystic, between his lower and Higher Self; to the lover, union between himself and the God of love; and to the philosopher, it is the union of all existence.
> (Für den Arbeiter ist es die Vereinigung der Menschen mit der gesamten Menschheit; für den Mystiker die seines niederen und höheren Selbst; für den Liebenden die Vereinigung seiner selbst mit dem Gott der Liebe; und für den Philosophen ist es die Vereinigung von allem Existierenden.)
>
> Vivekananda

Die Gitā und die Erlösungswege

Die Schrift Bhagavadgitā wird als die Essenz des Hinduismus gepriesen. Für den nach Befreiung Suchenden eröffnet die Gitā drei Wege. Diese drei Wege haben jedoch ein gemeinsames Ziel. Dieses ist die Realisation Gottes.

Der Hinduismus legt größten Wert auf die Intuition, auf die innere Erfahrung des Göttlichen. Eine Wahrheit, die nur offenbart worden ist, die ich jedoch nicht in meinem Inneren realisiert habe, bleibt nur eine äußere Wahrheit.[1] In diesem Sinne ist es nicht falsch, zu behaupten, daß für einen gläubigen Hindu die religiöse Erfahrung dem Glauben vorausgeht oder zumindest die religiöse Erfahrung zum Prüfstein des Glaubens wird.

Auf dem Wege der spirituellen Vervollkommnung und Gottesrealisation empfiehlt der Hinduismus, insbesondere in der Gitā, drei Hauptwege. Diese werden Yoga genannt. Das Sanskritwort Yoga bedeutet Joch und wird im Sinne von Anschirren an Gott gedeutet. Es geht also um eine Vereinigung mit dem Göttlichen, um die Realisation Gottes. Yoga ist ein Analogon zu dem lateinischen Wort

[1] Vgl. Silesius, Angelus: Sämtliche poet. Werke, 3 Bde., 1949–52, Bd. 1, S. 61. Im Cherubinischen Wandersmann heißt es: „Wird Christus tausendmal zu Bethlehem geboren und nicht in dir, du bleibst noch ewiglich verloren.“

religio; denn auch damit ist die Rückbindung an das Göttliche gemeint.

Auf die Frage, warum es mehrere Wege gibt, kann unter anderem geantwortet werden, daß die verschiedenen Menschen anscheinend verschieden veranlagt sind und demzufolge auf verschiedenen Wegen wandeln. Die drei Yoga-Wege, die wir hier kurz besprechen wollen, heißen: karma-yoga, der Weg des selbstlosen Handelns, bhakti-yoga, der Weg der hingebenden Liebe zu Gott, und jñāna-yoga, der Weg der intuitiven, unmittelbaren Erkenntnis. Man kann diese drei Wege auch mit Denken, Fühlen und Handeln beschreiben.

Jeder Yoga-Weg ist ein unabhängiger Weg zu Gott. Ist das Ziel erreicht, so scheinen alle Wege miteinander vereint zu sein. Die heilige Schrift der Hindus geht von einem Miteinander dieser Wege aus. Der nach Gott Suchende soll sowohl aktiv als auch meditativ sein und seine Liebe zu Gott entwickeln. Eine solche Synthese der Wege ist eigentlich das Ideal, das die Gitā lehrt.

Jñāna-yoga

Jñāna bedeutet Erkenntnis. Es handelt sich also um die Gottesrealisation auf dem Wege der Erkenntnis. Dies ist ein Weg, der für diejenigen Menschen geeignet ist, die von ihrem Naturell her zu Spekulationen neigen. Dieser Weg wird mit einer intellektuellen Analyse verglichen. Dabei geht es jedoch um eine Analyse, die letzten Endes zum Ziel der unmittelbaren Wahrnehmung (anubhuti) Gottes führt. Dies ist der Weg des Philosophen, der im Erreichen der Grenzen des Denkbaren gerade an dieser Grenze das vom Denken angezeigte, aber von ihm nicht einholbare Transzendente zur Intuition werden läßt. Die Vernunft ist hier daher kein Feind des Gefühls. Das philosophische, kontemplative Denken ist mehr als das bloße Raisonieren; es bewirkt eine Veränderung des Menschen, die wiederum das Verhalten des Menschen wandelt. Im Grunde genommen findet hier eine Bekehrung statt.

Das Vermögen, das hier am Werke ist, heißt viveka, d. h. Unterscheidungsvermögen. Mit dessen Hilfe stellt der Yogi fest, daß die gesamte Erscheinungswelt vergänglich und unwirklich ist. Ferner erkennt er, daß es eine Wirklichkeit gibt, die ewig, unvergänglich und unwandelbar ist.

Die Wirklichkeit, die der Yogi als eine ewige, unvergängliche Wirklichkeit festgestellt hat, ist zugleich das Wahre in uns und das im Universum. Neben der Schärfe des Intellekts verlangt der jñāna-yoga die Bereitschaft zur Entsagung und die Läuterung des Charakters. Die wahre Quelle der Freude und Seligkeit wohnt in den Menschen selbst. Die Weisheit besteht ja gerade in der Einsicht, daß das eine Wahre in unserem Selbst ist.

Das Grundübel ist unser Haften an den Dingen der Welt, an der Welt schlechthin. Die Quelle aller Verblendungen ist a-vidyā, d. h. die Nicht-Erkenntnis. Die meditativen Schritte des jñāna-yoga zielen auf das Nirguna-Brahman, d. h. auf das eigenschaftslose Brahman. Und dabei geht es um ein Erkennen der Identität von Ātman und Brahman. Was hier letzten Endes realisiert wird, sind die großen Lehrsätze der heiligen Tradition.

Wer sich auf diesen Weg begibt, muß Selbstbeherrschung üben. Einer, der diese Kunst nicht beherrscht oder entwickelt, wird mit einem Boot verglichen, das den Seewinden preisgegeben ist. Die Methode des neti, neti, …, d. h. dies nicht, dies nicht, …, die wir von den Upanishaden her kennen, ist auch die Methode des jñāna-yoga. Mit anderen Worten soll derjenige, der nach der Wahrheit sucht, sich nicht mit den Dingen der Welt identifizieren. Denn das, was er sucht, ist weder sein Körper noch sein Geist (manas), noch sind es seine Sinnesorgane, auch nicht die Objekte und Instrumente seiner Erfahrung. Da wir den Seher des Sehens selbst nicht sehen können, müssen wir ihn in uns suchen. Da aber das Gesuchte nicht nur in mir und in anderen Menschen, sondern überall ist, erlebe ich im Namen der Gottesrealisation eine Harmonie mit der gesamten Menschheit. Diese Gottesrealisation in allen Wesen ist die Grundlage für jedwede Art der Nächstenliebe, des Mitleids und des Wohlwollens allen Kreaturen gegenüber.

Der Jñāna-Yogi ist nicht ein Mensch, der alle Aktivitäten ablehnt. Er geht von der Überzeugung aus, daß sein Körper eigentlich das Haus ist, in dem er wohnt. Er selbst jedoch ist nicht dieses Haus. Er ist in der Welt, aber nicht von der Welt.

Karma-yoga

Dies ist der Weg der Gottesrealisation durch Handeln, durch die Tat. Das Handeln kann geistiger, körperlicher oder sprachlicher Natur sein. Das Handeln in seiner ganzen Breite steht nicht im Gegensatz zur Weisheit; denn es gilt für beide Wege, daß man selbstlos denkt und handelt. Bei diesem Weg bringt der Yogi alle seine Taten und Handlungen als Opfer dar. Er und seine Taten sind Gott geweiht. Dieser Weg kommt eher den tätigen Menschen entgegen, während die besinnlichen ihrer Neigung entsprechend wohl eher den Pfad der Erkenntnis wählen werden.

Der bloße Verzicht auf Arbeit führt noch nicht zur Vollkommenheit, zur Gottesnähe. Es ist auch nicht möglich, daß man dem Tun ganz entrinnen kann; denn das Leben besteht nun mal aus Handlungen. Wichtig ist dabei die Frage, in welcher Gesinnung die Handlungen vollzogen werden. Handelt man, weil man in erster Linie an den Ergebnissen der Handlungen interessiert ist, dann führen derlei Handlungen nicht zur Vollkommenheit. Wer sich jedoch frei macht von solcher Gier und von der Bindung an die Ergebnisse, wer seine Pflicht tut im Dienste und als Willen Gottes, der erreicht die ersehnte und gesuchte Seligkeit durch das Handeln. Die Früchte der Handlung sind immer vorhanden; der Weise verlangt nach ihnen nicht; der nicht-weise Mensch dagegen sieht in ihnen gar das Hauptmotiv des Handelns. Die Gitā charakterisiert den Weisen als einen Menschen, der handelt, ohne zu handeln. Und ein solcher Mensch erblickt in seinem Nicht-Handeln doch sein Handeln. Die taoistische Lehre spricht von wu-wei, d. h. von dem Tun durch Nichttun.

In den ersten Kapiteln der Gitā lehrt Krishna den verblendeten Arjuna, daß die upanishadische Lehre von der Entsagung nicht bedeutet, daß man aufhört zu handeln, sondern daß man die Gier, Angst und Furcht besiegt. Niemand hat das Recht, nicht zu handeln. Die Einheit mit Gott sucht der Karma-Yogi durch die Tat. Mahātma Gandhi ist ein glänzendes Beispiel für einen Karma-Yogi. Er sah das Feld seiner Handlungen in der Politik.

Es gibt aber auch Karmas, die uns binden. Es ist unser Ziel, diese zu erkennen und zu unterlassen. Die Gitā belehrt uns über Karmas, die uns befreien.

Karmas ohne Schatten

Das „Stirb und werde!“ Goethes und die ewige Wiederkehr Nietzsches sind das Analogon zu dem indischen samsāra-Konzept, das den Kreislauf von Geburt und Tod versinnbildlicht. Das Nicht-geboren-Werden ist das Ziel; denn das Gegenteil des Todes ist die Geburt und nicht das Leben. Um dieses Ziel zu erreichen, bietet die indische religiöse Anschauung den vieldeutigen Begriff des Karma, der Handlung an. Die Karmas fesseln uns, die Karmas befreien uns.

Die Karma-Lehre, so wie sie in Indien entwickelt worden ist, stellt einen Mittelweg dar: Es geht dabei um den allgemein menschlichen Versuch, zwischen dem sittlichen Bewußtsein und der Belohnung zu vermitteln.

Die chinesischen Schriften des Konfuzianismus und des Taoismus zeigen, daß die Chinesen oft über dieses Thema nachgedacht haben, sie sind jedoch zu keiner befriedigenden Lösung in empirischer Hinsicht gekommen. Denn in der Welt wird die Belohnung des Guten selten als selbstverständlich erfahren. Nicht umsonst postuliert der Philosoph Kant die Existenz Gottes. Die christliche Lösung stellt schließlich alles dem Willen Gottes anheim.

Die Karma-Lehre zeigt zwar keine empirische Lösung, kommt jedoch ohne einen Gott aus und betont die erlösende Kraft guter Taten. Die erlösenden Karmas – so die Botschaft der Gitā – sind weder das Nicht-Handeln noch das Handeln mit Begehren, sondern ein Handeln ohne Begehren.

Das Sanskrit-Wort Karma hat eine Reihe von Bedeutungen, die von der Psychologie bis zur Jurisprudenz reichen. Karma wird erstens als eine physikalische, körperliche, zweitens als eine psychologische, drittens als eine geistige, viertens als eine ethisch-moralische, fünftens als eine religiöse, sechstens als eine legale Handlung verstanden. Karma steht auch für die Resultate der oben genannten Handlungen. Karma wird aber auch als die Summe der Handlungen eines Individuums in diesem oder in einem früheren Leben verstanden. Ferner wird Karma mit den religiösen Opferhandlungen gleichgesetzt. Ebenfalls steht Karma für die Kausalkette, in der der Mensch sich befindet und einen Teil in diesem Strom des Entstehens, Bestehens und Vergehens (samsāra) bildet.

Das indische Denken hat das Karma-Konzept eigentlich zu ethisch-moralisch, spirituell und religiös interpretiert und die anderen ebenso legitimen Aspekte vernachlässigt. Auf dem Wege der Erlösung bieten sich drei Pfade an: der Pfad der Gottesliebe, der der Erkenntnis und der der Handlung (Gandhi). Die Karma-Lehre ist eines der zentralen Dogmen des indischen Denkens, ob dieses theistisch oder wie im Buddhismus atheistisch orientiert ist.

Der Mensch möchte die Seelenwanderung nicht ewig mitmachen. Er wünscht sich im nächsten Leben eine bessere Geburt, verbunden mit viel Freude und wenig Leid. Da jedoch der Tod sowohl einem guten als auch einem schlechten Leben ein Ende bereitet, möchte der Mensch letzten Endes eine endgültige Befreiung, Erlösung (moksha). Auch das Freudvolle, so meint Buddha, ist leidvoll, weil es ein Ende hat.

Das Sprichwort: „Man erntet, was man sät" drückt eigentlich das Wesentliche des Karma-Gesetzes aus. Alle unsere Handlungen hinterlassen, ob wir es merken oder nicht, eine Tendenz, eine Potenz, welche selbst die Kraft besitzt, eine neue Handlung einzuleiten und so weiter. Diese Tendenzen, diese Nachwirkungen, diese Neigungen, die sowohl durch Gedanken als auch durch Handlungen zustande kommen, heißen samskāras. Sie können sowohl dieses Leben als auch das vergangene umfassen. Mit anderen Worten, die Handlungen, die wir in diesem Leben vollbringen, entstehen daher aus den gesammelten samskāras. So ist ein jedes Karma, das selbst eine Konsequenz vorausgegangener Karmas ist, die Saat für ein weiteres Karma. Je nach der Art der Gedanken und Handlungen widerfährt uns entweder Freude oder Leid oder beides im Leben.

Die strenge Gesetzmäßigkeit der Karma-Doktrin hat man mit dem Gesetz der Kausalität verglichen. So wie nichts unverursacht in der materiellen Welt geschieht, so gibt es nichts im geistig-spirituellen Leben, was unverursacht wäre.

Es ist wahr, daß die Karmas den Zyklus von Geburt und Tod einleiten; ebenso wahr ist nach indischer Ansicht, daß es letzten Endes wiederum die Karmas sein werden, die den Knoten auflösen und eine Wiedergeburt verhindern.

Die Unerbittlichkeit und die Rotation kennzeichnen die Karma-Kausalität. Es liegt eine Art gottgewollte oder naturbedingte Vergeltung in dem Wirken dieser Doktrin. Denn es hat wenig Sinn, so denkt der Mensch, wenn man Weizen sät und Roggen erntet.

Es sind die Triebkräfte, die das Rad rotieren lassen; denn ein Impuls bedingt eine Handlung, diese wiederum bedingt eine weitere und so fort. Werden wir von jemandem beleidigt, so tun wir dasselbe ihm gegenüber, schließlich beginnt er dann mit größerer Heftigkeit mir dasselbe anzutun, und so dreht sich das Rad weiter. Es ist aber nicht unmöglich, daß wir auf die erste Beleidigung anders reagieren und den, der uns beleidigt hat, nicht beleidigen. So käme diese Kette hier schon zu ihrem Ende. Die Karma-Lehre zählt jedoch auch die Gedanken, die im Beleidiger und im Beleidigten aufkommen, zu den Handlungen, die das Rad rotieren lassen. Man handelt immer noch innerlich und ist von Unruhe geplagt, auch wenn man aus Machtlosigkeit, Rücksicht, aus Kalkül usw. äußerlich nicht handelt.

Wenn die Karma-Doktrin mit einer solchen unerbittlichen Konsequenz zu Werke geht, dann stellt sich die Frage, ob es überhaupt einen Ausweg geben kann oder ob es nicht doch um Fatalismus, um Kismet, Schicksal oder eine unveränderbare Prädetermination geht.

Die Yoga-Schule der indischen Philosophie teilt die Karmas in vier Gruppen ein: Erstens sind es die schwarzen (krishna), zweitens die weißen (shukla), drittens die weißschwarzen und viertens die nicht-weißen und die nicht-schwarzen Handlungen. Zu der ersten Kategorie gehören Handlungen schlechter Menschen wie Stehlen, Betrügen, schlechte Gedanken u. dgl. Die zweite Kategorie umfaßt Karmas, die von guten Menschen vollbracht werden, und stellen die Reinheit des Geistes dar; denn der Geist, die Seele sind der eigentliche Ort der Handlung, wo die Saat zu keimen beginnt.

Nicht umsonst riet Buddha, den Blick nach innen zu wenden. Meditation und das Studium heiliger Bücher sind hilfreich. Zur dritten Gruppe gehören Handlungen, die, mit noch so guter Intention begonnen, nicht immer rein sein können. Denn alle äußeren Handlungen, selbst das Gehen, das Einatmen usw. geraten anderen Lebewesen zum Schaden.

Die Begriffe dharma (Pflicht) und adharma werden mit den weißen bzw. schwarzen Handlungen in Beziehung gebracht. Die Handlungen der vierten Gruppe, die weder weiß noch schwarz sind, stellen Handlungen derjenigen Menschen dar, die der Welt entsagt haben und nur noch auf dem Wege der reinen Erkenntnis ihr Heil suchen. Diese Einteilung der Karmas weist darauf hin, daß der auf Erlösung bedachte Mensch bestrebt sein muß, so weit wie möglich die Handlungen der zweiten Art zu vollziehen.

Die Frage, ob es sich um das Schicksal oder um Willensfreiheit handelt, bleibt bestehen. Eine mögliche Antwort auf dieses Dilemma finden wir in der folgenden Einteilung der Handlungen: Erstens gibt es Karmas (sancita), die vergangen, akkumuliert und statisch sind. Diese stammen entweder aus diesem oder aus dem vergangenen Leben. Ihre Wirksamkeit hat noch nicht begonnen. Sie bleiben latent. Zweitens gibt es Karmas (prārabdha), die dynamischer Natur sind und die Konsequenzen der vergangenen Handlungen darstellen. Drittens gibt es Karmas (āgāmi), welche gerade in diesem Leben begangen wurden und auch in diesem Leben ihre Früchte tragen.

Die Karmas, die hier der ersten und der zweiten Gruppe angehören, sind außerhalb der Kontrolle des menschlichen Willens. Die Handlungen, die wir in diesem Leben vollziehen, sind der eigentliche Ansatz, um die Kette der Wiedergeburten zu durchbrechen und den Grundstein zur Erlösung zu legen. Hierzu stellt sich die Frage, ob diese Handlungen dieses Lebens nicht wiederum die unerbittlichen Resultate der vergangenen Handlungen sind. Einige Möglichkeiten zur Lösung dieses Problems seien hier vorgestellt.

1. Wenn wir annehmen, daß die Handlungen des gegenwärtigen Lebens bloß unveränderliche Resultate sind, so können wir freilich einen Fatalismus nicht vermeiden. Man kann resignieren, weil das, was geschieht, gerade das ist, was geschehen muß, sei es Gottes Wille oder die Konsequenz der Handlungen aus dem vorigen Leben. Dies ist nicht die Lösung, die der indische Geist vorschlägt, auch nicht die Karma-Lehre, auch wenn sie oft mißverstanden wurde, und das im Westen mehr.

2. Eine andere Lösung wäre, daß man davon ausgeht, die Handlungen des jetzigen Lebens seien völlig frei und hätten nichts zu tun mit dem, was gewesen ist, ob in diesem oder im vergangenen Leben. Eine so große Freiheit im Leben ist nicht mit der Karma-Lehre zu harmonisieren. Und wir fühlen es auch in uns selbst, daß wir so absolut frei gar nicht sind, es sei denn, wir meinten es in einem rein spekulativ-idealistischen Sinne.

Da das indische Denken davon ausgeht, daß der Mensch, trotz aller Unerbittlichkeit der Karma-Doktrin, ein unmittelbares Bewußtsein davon besitzt, daß er auch frei ist, daß er die Fähigkeit hat, seine Leidenschaften, seine bösen Tendenzen und Neigungen zu kontrollieren, zu besiegen, mag es auch noch so lange dauern, bis das Endstadium erreicht ist, kann man von einem Ausgeliefertsein des Menschen an sein Schicksal nicht sprechen. Hierin besteht der eigentliche Unterschied zwischen der sogenannten Naturgesetzlichkeit, der alle anderen Dinge (und der Mensch nur teilweise) unterliegen, und der Karma-Kausalität, die durch die Selbstreinigungsprozesse das endlose Entstehen von weiteren Karmas verhindern kann. Die Yoga-Psychologie legt Wert darauf, daß der Mensch die Macht der Leidenschaften richtig kennen-, schätzen, einschätzen und kontrollieren lernt.

Wenden wir uns nun der grundsätzlichen Frage zu: Wie sind wir überhaupt in dieses Rad des Lebens von Geburt und Tod hineingeraten? Unsere Impulse, Triebkräfte und andere Handlungsmotivationen sind da an erster Stelle als Gründe zu nennen. Daß der Dieb beim Stehlen erwischt wurde, ist ein Ergebnis seiner Gier gewesen; denn die Gier war es, die ihn den Diebstahl begehen ließ. Hätte er diese Gier kontrollieren können, so säße er jetzt nicht im Gefängnis. Das Netz, in dem wir gefangen sind, ist von uns selbst geknüpft worden. Und das, was entstanden ist, kann auch zum Verschwinden gebracht werden.[2]

[2] Hier bietet sich ein Vergleich mit den Begriffen Drang und Geist in der Anthropologie Max Schelers an.

Die indische religiöse Weltanschauung antwortet auf die Fragen nach dem Warum unseres Gefangenseins folgendermaßen: Daß wir unserer Gier, unserer Leidenschaft zum Opfer fallen (kāma), daß wir habsüchtig (lobha) sind, daß wir unseren Ärger (krodha) nicht immer besiegen können, hat seinen Grund darin, daß wir unwissend sind. Daher muß die Frage anders gestellt werden. Es geht nicht so sehr darum, zu fragen, ob der Mensch die bösen Handlungen vermeiden soll, sondern vielmehr darum, ob es ihm möglich ist, seine Triebkräfte, seine Gier zu zügeln. Und diese Frage bejaht die Yoga-Lehre.

So ist der Ausweg aus dem Labyrinth durch das Zügeln der Leidenschaften möglich. Dies bedeutet, daß wir immer mehr diejenigen Karmas vollziehen, die von dem Element des Lichtes (sattva) geleitet werden und zu den weißen Karmas gehören. Und es sind diese Karmas, die uns nicht binden, sondern befreien. Sie werfen keine Schatten mehr. Sie sind vollkommen rein. Sie sind Handlungen aus bloßer Pflicht, die sich nicht mehr von den Folgen motivieren lassen. Die theistische Tradition beschreibt diese Handlungen als solche, die dem Willen und der Liebe Gottes geweiht sind. Die atheistische Tradition schreibt diese Handlungen dem Karma-Gesetz selbst zu. Die Karma-Lehre kann jedoch auch die Gerechtigkeit Gottes verkörpern, weil das Prinzip „Das Gesäte wird geerntet“ dem Willen eines gerechten Gottes nicht widerspricht.

Weitere Aspekte der Karma-Lehre

1. Auf der psychologischen Ebene besagt die Karma-Lehre, daß jede Handlung eine Tendenz (samskāra) zur Wirkung haben muß. Dieses Gesetz vermögen selbst die Götter nicht aufzuheben. Hierin liegt die Autonomie des Moralischen.

2. In ihrem ethischen Aspekt betont die Karma-Lehre die Freiheit des menschlichen Selbst. Der Mensch hat die reale Möglichkeit, seine Freiheit, seine Sinne und die diversen Verblendungen zu kontrollieren. Dies vermag er, und daraus soll er Nutzen ziehen.

3. Auf der religiösen Ebene erlebt der Mensch seine Gebrechlichkeit, seine Schwäche, ja seine sündige Natur. Er hofft auf eine Erlösung nicht aus sich selbst heraus, sondern durch die barmherzige Gnade Gottes. Rāmānuja, ein Gegenspieler Shamkaras, vertritt eine solche Ansicht. Für ihn wird Karma zu einer Handlung, die darin besteht, sich dem Willen Gottes vorbehaltlos anzuvertrauen. Für

Shamkara dagegen ist Karma eine Vorstufe auf dem Weg zur reinen Erkenntnis, die zur Erlösung führt.

Fast in allen Religionen läßt sich etwas Ähnliches aufzeigen. Freilich akzeptieren Judentum, Christentum und Islam nicht die Theorie der Karmas im indischen Sinne. Sie erklären jedoch das Belohnt- und Bestraftwerden der Menschen als Konsequenzen aus den von ihnen vorgenommenen Handlungen.

Der größte Hohn oder die größte Kurzsichtigkeit des Menschen besteht darin, daß er meint, die unangenehmen Folgen seiner Handlungen umgehen zu können. Um dies zu erreichen, vermag er in den Tempel zu gehen, im heiligen Wasser des Ganges zu baden, in der Kirche oder in der Moschee Gott um Verzeihung zu bitten, seine Sünden zu beichten und vieles mehr. Die indische Karma-Lehre ist ein anderes Modell. Es wird dasselbe Ziel verfolgt, allerdings durch den Vollzug reiner Handlungen, die so rein sein sollen, daß sie keinen Schatten mehr werfen, keine Tendenzen hinterlassen und keine Geburten mehr zur Folge haben. Dieser Weg, bei dem sich der Mensch nicht auf die Barmherzigkeit Gottes berufen kann, mag zu viel von den Menschen verlangen. Unmöglich jedoch ist er nicht.

Der Mensch hat durch seine Gedanken und Taten die Falle selbst gebaut, in die er hineingerät. Er hat aber auch die Möglichkeit, sich zu befreien, indem er die von seinen Taten hinterlassenen Tendenzen bekämpft, wenn nicht in diesem, dann in irgendeinem folgenden Leben.

Der Weg der Gottesliebe (bhakti-yoga), die Hingabe an Gott ist der Pfad der Gläubigen. Das Vollbringen guter Taten und das Vermeiden von schlechten ist der Weg der Karma-Lehre. Die Karma-Lehre kann mit der Hilfe und ohne die Hilfe Gottes befolgt werden. Das Karma-Gesetz ist unpersönlich, kann jedoch mit einem persönlichen Gott in Einklang stehen.

Das Vollziehen der Taten, die keinen Schatten mehr werfen, hat ohne jede Absicht, eine Belohnung zu erheischen, zu geschehen. Nach der buddhistischen Lehre sind diese Handlungen frei von Haß, Gier und Wahn.

Die Karma-Lehre enthält keinen Fatalismus; sie stellt keinen Determinismus dar. Das eigentlich Bestimmende der Taten des vergangenen Lebens bezieht sich weniger auf die Handlungen als vielmehr auf die Art der Wiedergeburt. Die Karma-Lehre ist eine ethisch orientierte moralische Gesetzmäßigkeit.

Das Licht des Wissens, der wahren Erkenntnis liegt jenseits aller

Verblendungen. Es soll das Dunkel beseitigen, die Taten ausleuchten, die eine Wiedergeburt veranlaßt haben.

In der Gitā heißt es: „So wie das Feuer das Brennholz, so macht auch das Feuer des Wissens alle Werke zu Asche.“[3] Man bedarf des Lichtes, um die Schatten zu vertreiben; das Licht beleuchtet sich selbst. So verhält es sich auch mit den reinen, weißen Karmas.

[3] 4.37.

6. Kapitel

DIE BEIDEN HAUPTRICHTUNGEN DES HINDUISMUS

It is scarcely too much to say that the creeds indicated by these two terms Saivism and Vaishnavism constitute the very life and soul of modern Hinduism. Moreover, it should be clearly understood that Saivism and Vaishnavism are not opposite or incompatible creeds.[1]
(Es ist nicht übertrieben zu sagen, daß die beiden Glaubensbekenntnisse Saivismus und Vaishnavismus die Seele und das Leben des modernen Hinduismus repräsentieren. Darüber hinaus gilt, daß der Saivismus und der Vaishnavismus keine gegensätzlichen oder inkompatiblen Bekenntnisse darstellen.)

Monier-Williams

Zum Prinzip der Einteilung

Wie bei vielen anderen Religionen werden auch beim Hinduismus mehrere Richtungen unterschieden. Dennoch sind diese Richtungen keine gravierenden Abspaltungen, wie es bei vielen Religionen der Fall ist. Beim Christentum wäre hier z. B. das Erscheinen von Luther zu nennen. Die Gründe dafür, daß es im Hinduismus keine gravierenden Spaltungen gibt, mögen vielfältig sein. Der Hinduismus besitzt ja bekanntlich keine zentrale, fest umrissene Organisation. Er kennt keinen zentralen Ort, von dem her Dogmen verkündet werden können. So entsteht die Frage erst gar nicht, ob eine bestimmte Richtung innerhalb des Hinduismus noch hinduistisch genannt werden kann oder nicht.

Von den vielen Richtungen des Hinduismus wollen wir hier ganz kurz die beiden wichtigsten besprechen, um auch in diesem Zusammenhang die Anwendbarkeit des Credos von „dem einen wahren Gott mit vielen Namen" aufzuweisen. Diese beiden Richtungen sind: 1. der Shaivismus und 2. der Vaishnavismus. Daneben gibt es auch die Richtung des Shaktismus mit Shakti, d. h. der göttlichen, weibli-

[1] Monier-Williams, M.: Hinduism, Nachdruck Calcutta 1951, S. 69.

chen Kraft, welche alles Leben schafft und erhält. Die ursprüngliche Polarität, aber nicht Gegensätzlichkeit besteht in Symbolen des Weiblichen und des Männlichen. Manchmal wird diese Richtung auch Tantrismus genannt. Es gibt eine Darstellung des Göttlichen, die halb Mann und halb Frau ist.

Der Shaivismus

Shiva ist einer der Hauptgötter im Hindupantheon. Er ist eine Erscheinung, die die Weisen dem wahren Einen zugeordnet haben. Shiva, d. h. der Gesegnete, wird im Shaivismus zu dem höchsten Gott erkoren. Die Anhänger dieser Richtung nennen sich Shaiva. Der große vedāntische Theologe Shamkara hat diese Richtung popularisiert, um so auch die Verbreitung des Buddhismus in Indien zu verhindern. Auch andere namhafte Theologen folgten dem Beispiel Shamkaras.

Shiva kann als ein Gegenstück zu dem vedischen Gott Rudra, d. h. dem Furchterregenden, angesehen werden. Dieser alte vedische Gott ist eigentlich vorarischen Ursprungs. Im Mahābhārata wird Shiva zum höchsten Gott erhoben und stellt die Versöhnung der Gegensätze dar. Er ist sowohl der belohnende als auch der strafende Gott, und nichts bleibt ihm verborgen. Auch wenn er keine Diskriminierung unter den Menschen kennt, behandelt er die Menschen im Sinne einer Differenzierung, um so die göttliche Gerechtigkeit walten zu lassen. Er ist auch ein Gott, der die Menschen liebt und ihnen gnädig ist. So entspricht er dem zornigen, unberechenbaren, aber zugleich auch sanften, barmherzigen und beschützenden jüdisch-christlichen Gott.

Shiva wird oft dargestellt mit dem um die Taille gewickelten Tigerfell und mit den Schlangen um seinen Hals. Nach der bekannten Hindudreiheit der Götter: Brahmā, der Schöpfer, Vishnu, der Erhalter, und Shiva, der Zerstörer, ist die äußere Aufmachung für diesen Gott passend. Sein Weltentanz hat eine doppelte Bedeutung: Er stellt einerseits die Schöpfungsfreude, andererseits die Wut der Zerstörung dar.

Als der höchste Gott der Shaivas vereint Shiva in sich das männliche und das weibliche Prinzip; er wird oft ikonographisch halb als Mann und halb als Frau dargestellt. In dieser Gestalt wird er Ardhanārishvara genannt.

Die Theologie des Shaivismus kennt eine Frömmigkeit, die es in ihrer Hingabe an Gott an nichts fehlen läßt. Dies sind monotheistische Elemente, die mit ähnlichen Bräuchen in anderen Religionen vergleichbar sind. Gott allein ist transzendent, und es gibt nichts, was ihn transzendieren könnte. Gott allein ist absolut unabhängig, denn es gibt nichts, von dem er selbst abhängig sein könnte.

Wie wir gesehen haben, strebt auch hier der Bhakta (Shivaanbeter) nach einer Vereinigung mit dem höchsten Wesen, dem er in diesem Falle den Namen Shiva gegeben hat. Die Vereinigung der menschlichen Seele mit Gott bedeutet hier nicht wie in der Lehre der negativen Theologie Shamkaras die Nicht-Zweiheit zwischen Ātman und Brahman, sondern die menschliche Seele erreicht die ersehnte und glückliche Nähe Gottes. Die menschliche Seele wird weder aufgelöst noch geleugnet. Der Bhakta will hier nicht Gott werden. Seine Seligkeit besteht in der himmlischen Nähe zu seinem Gott. Der Mensch kann höchstens Gottähnlichkeit, aber niemals die Identität mit ihm erreichen. Der Weg des bhakti-yoga, wie schon erwähnt, geht von der völligen Hingabe an Gott aus. Der barmherzige Gott ist voller Mitleid und Gnade, und der Mensch soll diesem Anspruch der Gnade gerecht werden. Die menschliche Seele wird auch als Dienerin Gottes angesehen. Der Zustand der Befreiung, der Seligkeit (moksha) kann jedoch nur eintreten, wenn Gott es so will. Der Mensch kann Gott höchstens darum bitten, beanspruchen kann er die Gnade nicht. Es ist allein Gottes Initiative überlassen, ob er sich den Menschen zu erkennen geben will oder nicht.

Der Shaivismus wird oft mit Asketentum in Verbindung gebracht. Der Gott Shiva selbst wird als großer Yogi dargestellt, d. h. als ein Asket, nackt sitzend, meditierend und sich selbst kasteiend. In dieser Gestalt wird er Mahāyogi, d. h. der große Asket, genannt. Wie so oft neigt der Mensch zur Übertreibung, was bei vielen Sadhus (Heilige der Hindus) zu beobachten ist. Das Bild Shivas ist bloß ein Symbol für die Shaivas auf ihrem Wege zur Befreiung. Das übertriebene äußerliche Asketentum mit seinen teils grausamen und akrobatischen Übungen hat mit dem Wesen des Shaivismus nichts zu tun.

Der Vaishnavismus

So wie Shiva der höchste Gott für seine Anhänger ist, ist Vishnu der höchste Gott für die Vaishnavas, d. h. für die Anhänger Vishnus. Vishnu ist ein wichtiger vedischer Gott gewesen.

Die vielen Namen der Götter mögen noch so verschieden sein, das Verbindende ist und bleibt die Einsicht des Hinduismus, daß es in der Tat Namen für das Eine sind, ob All, Gottvater, Shiva oder Vishnu. Hat man die Namenlosigkeit des Einen unmittelbar erfahren, so kann man in aller Demut sagen, daß Namen Schall und Rauch sind. Diese Haltung hat in Indien blutige Religions- und Ausrottungskriege verhindert, sieht man von den unvermeidlichen Reibereien zwischen den Religionsgemeinschaften ab.

So wie Shamkara der Theologe des Shaivismus ist, ist Rāmānuja der Theologe des Vaishnavismus, der die am weitesten verbreitete Richtung des Hinduismus darstellt. Diese Richtung kennt die asketischen Extreme des Shaivismus nicht. Vishnu wird als Gott der Liebe, des Wohlwollens vorgestellt und von seinen Bhaktas voller Hingabe verehrt, angebetet und geliebt. Die Liebe Vishnus für die Menschen und für die Welt geht so weit, daß er sich von Zeit zu Zeit inkarniert, um so den Menschen einen rettenden Weg zu zeigen und ihnen zu helfen. Rāma und Krishna sind die bekanntesten Inkarnationen Vishnus. Rāmāyana und Mahābhārata sind die beiden großen Epen mit Rāma und Krishna als Helden. Der Gott Vishnu inkarniert sich jedoch auch in Tiergestalten und bezeugt somit seine kosmische Präsenz und Verbundenheit mit allen Wesen. Dem heutigen biologisch-kosmischen Gedanken der Evolution kommt diese Einsicht sehr nahe.

Vishnu ist der höchste Gott, und alle anderen Götter sind seine Manifestationen. Selbst in der Hindu-Trinität (Trimurti) stellt Vishnu die wichtigste Funktion der Erhaltung der Schöpfung dar. Oft wird er auf den Wogen des Ozeans aller Ursachen dargestellt, schlafend auf der Weltenschlange Ananta (das Endlose).

Die Gitā, als die Bibel der Hindus bezeichnet, befaßt sich mit dem Wesen und den Taten Vishnus. Der höchste Gott offenbart sich. Dies tut er, wenn die Zeit dazu reif ist. Dadurch rettet er die Weltordnung, die immer wieder durch finstere Kräfte in Gefahr gerät, zerstört zu werden. Der Gott Vishnu besitzt die höchste moralische Vollkommenheit und spendet Liebe und Gnade. Er belohnt das Gute und bestraft das Böse. Er bewacht das Karma-Gesetz. Er kann jedoch in seiner eigenen Herrlichkeit auch grenzenlos gnädig sein. Er kann den Menschen verzeihen, ihnen ihre Missetaten vergeben und so den rechten Weg zeigen.

Wie in anderen Weltreligionen ist auch hier die Gnade Gottes die unbedingte Voraussetzung für das Heil. Die Menschen sind zwar heilsbedürftig und auch heilsfähig, aber die letzte Entscheidung liegt in den Händen Vishnus. Auf die Frage, wie man das Heil erreicht, gibt es zwei Antworten. Erstens kann der Mensch durch gläubige Liebe, Ergebenheit und gute Taten auf die Gnade Gottes hoffen, sie jedoch nicht erzwingen. Diese Richtung, die übrigens ein Analogon zum Synergismus ist, wird mit dem Namen „Affenschule“ bezeichnet. Der kleine Affe klammert sich um den Hals der Affenmutter, um so gerettet zu werden. Das Äffchen muß tätig werden, will es die rettende Hand der Mutter erreichen. Zweitens kann der Mensch sein Leben gläubig weiterführen, ohne Gottes Gnade in irgendeiner Weise beeinflussen zu können. Diese Richtung, die dem Monergismus entspricht, nennt sich die „Katzenschule“, weil die junge Katze ohne ihr Zutun von der Katzenmutter gerettet wird. Im Kulturkreis des Hinduismus begegnen uns oft Namen, die dem Tierreich entstammen und keine anstößige Empfindung auslösen. Diese Bezeichnungsweise verdeutlicht vielmehr die große kosmische Verbundenheit aller Wesen im Hinduismus.

Am Ende der Gitā offenbart Krishna seinem Lieblingsjünger Arjuna das wahre Wesen der Gottesliebe. Diese besteht darin, daß wir alle Wesen als gleich betrachten und stets Vishnu ergeben bleiben. Durch Hingabe und Vertrauen erkennt man Vishnu, seine Größe, seine Herrlichkeit, seine Barmherzigkeit und seine Wahrheit. Einer, der all dies erkannt hat, erreicht die ersehnte, selige Nähe des Göttlichen. Der Mensch soll seine Zuflucht zu Vishnu nehmen, seine Werke als Opfergaben für ihn verrichten, denn es geht um Seine Gerechtigkeit. Ein Mensch, der in diesem dienenden Geiste seine Pflicht tut, erreicht die unvergängliche Wohnstätte.

Das Verhältnis von Gott zu Mensch und von Mensch zu Gott ist nicht einseitig. Nicht nur der Gottesdiener liebt Gott; auch Gott liebt seine Bhaktas und alle Menschen. Im Vaishnavismus ist es die heilige Pflicht und die ewige Sehnsucht der Bhaktas, eine Beziehung der Liebe und des Vertrauens zum Objekt der Anbetung zu entwickeln. Es wird von fünf Arten der liebevollen Beziehung gesprochen: Der Gottesverehrer kann Shanta, d. h. ein reiner Anbeter sein. Er kann aber ebenso Dāsya, d. h. Gottes Diener sein. Drittens kann er auch Sakhya, d. h. ein Freund sein. Viertens kann er in Gott den Vater sehen (Vātsalya). Und fünftens kann der Bhakta sich als Gattin Vishnus betrachten (Madhura). Von allen diesen möglichen Beziehungen des Bhakta zu Vishnu ist die des Dienerseins (dāsya-bhāva) am wichtigsten. Es geht dabei um das Dienen, ohne nach dem Lohn zu fragen.

7. Kapitel

ZUR ETHIK DES HINDUISMUS

Abstention from injury, by act, thought, and word, in respect of all creatures, compassion, and gift [charity], constitute behavior that is worthy of praise.
(Enthaltsamkeit von Gewalt im Handeln, Denken und Reden im Hinblick auf alle Geschöpfe, Mitleid und Nächstenliebe konstituieren eine Verhaltensweise, die des Lobes wert ist.)

Mahābhārata

Das Grundübel der Unwissenheit

In dem Kapitel über die drei Yoga-Wege haben wir die ethisch-spirituelle Möglichkeit besprochen, wie der Mensch seine göttliche Natur realisieren kann. In diesem Kapitel über die Ethik- und Morallehre des Hinduismus wollen wir hauptsächlich die Tugendlehre des Hinduismus thematisieren. Auch das Schema der Viererteilung der Gesellschaft, der Lebensstadien und der Lebensziele geht von einem integralen Plan aus (vgl. Kap. 9 hier). Im Mahābhārata wird auch die Ansicht vertreten, daß das soziale und individuelle Übel aus dem Nichtbeachten der vier Lebensziele folgt.

Unwissenheit ist selbst das Grundübel, und es ist auch die Hauptursache für alle unsere Begierden und vielerlei Verblendungen. Eine Befreiung von diesen Fesseln kann uns nur dann gelingen, wenn wir die dunklen Wolken der Unwissenheit durch das helle Licht der Erkenntnis vertreiben. In manchen Fällen, wie z. B. in der Vedānta-Lehre des Theologen Shamkara, wird die Erkenntnis selbst für Befreiung gehalten. Auf jeden Fall bedarf der Mensch des Lichtes der Erkenntnis. Es geht hier um den Weg der indischen Gnosis. Nicht die Wahrheit wird hergestellt, sondern nur das wird entdeckt, was von den Wolken der Unwissenheit verdeckt war.

Karma-Lehre und Pflichtethik

Oft wird die falsche Ansicht vertreten, der Hinduismus habe keinen Platz für Ethik, da er eine Abkehr von den Karmas, d. h. den Handlungen und Taten, predige. Es geht aber nicht darum, ob auf die Karmas überhaupt verzichtet werden soll, es geht vielmehr darum, daß auf eine bestimmte Art von Karmas verzichtet werden soll, um Befreiung, Erlösung und Gottesnähe zu erlangen. Es sind die Karmas, die uns binden, verblenden und uns im Netz des Entstehens, Bestehens und Vergehens gefangenhalten. In dem Kapitel 5 über die Karmas, die keine Schatten mehr werfen, haben wir gesehen, daß es auch Karmas gibt, die uns befreien. So bekommt die Ethik im Hinduismus wie in anderen Religionen auch eine zentrale Stelle, verbunden mit der Funktion, uns die Befreiung zu ermöglichen. Es ist richtig, daß der Begriff des Karma in der hinduistischen Anschauung die diesweltlichen Bezüge, wie z. B. die Politik, ein wenig vernachlässigt.

Wir haben schon dargelegt, daß die Rechtschaffenheit, die uns allen als Pflicht auferlegt ist, zur Erlösung führt. Handlungen, die aus einer solchen Gesinnung der Pflicht Gott und den Menschen gegenüber vollzogen werden, sind Handlungen, die nicht aus Selbstinteresse, Gier, Sucht und Angst geschehen. Diese Handlungen sind so, daß sie von dem Erfolg bzw. Mißerfolg absehen; denn im Tun des Guten besteht die Pflicht. Es geht um das selbstlose Handeln. Nach der Gitā läuft das selbstlose Handeln auf folgendes hinaus: Krishna macht dem noch verblendeten Arjuna klar, daß seine Pflicht allein im Handeln liegt und nicht im Denken an die Früchte des Handelns. Die Motivation der Handlung darf nie die Gier nach den Früchten sein. Auf der anderen Seite darf man auch nicht der Untätigkeit verfallen. Interessenloses Handeln ist hier gemeint, und Krishna will, daß Arjuna seine Pflicht tut.

Wenn wir z. B. in ein Gespräch eintreten und dauernd an die Erfolge oder Mißerfolge denken, so kommen wir von unserer Pflicht ab. Und unser Gespräch kann unter Umständen zu einer Qual werden. Worauf es allein bei der Durchführung einer ethisch-moralischen Handlung ankommt, ist der Wille Gottes, ist unsere Pflicht diesem Willen gegenüber. In der Bereitschaft, freiwillig dem Willen Gottes zu folgen, liegt die ethische Reinheit der Handlungen. Erfolge und Mißerfolge lassen sich nicht herbeirufen. Sie hängen von so vielen Faktoren ab, daß der einzelne Mensch gut beraten ist, sich seiner Pflicht zu besinnen. Hat man in dieser Hinsicht sein Bestes gegeben, dann hat man seine Schuldigkeit getan. Es besteht dann kein Anlaß, traurig zu sein, Reuegefühle zu entwickeln oder sich selbst zu peinigen. Mahātma Gandhi hat seine Erlösung gerade durch diesen Karma-Weg gesucht und gefunden. Gandhis Verständnis der hinduistischen Ethik macht deutlich, daß Karmas sehr wohl die diesweltlichen Belange betreffen. Neben diesem Weg empfiehlt der Hinduismus auch die anderen beiden Wege zur Erlösung: den Weg der wahren Erkenntnis und den der Gottesliebe.

Im Geiste des rigvedischen Satzes von „dem einen Wahren mit vielen Namen" wird auch die Wahl des Weges dem Adepten überlassen. Je nach Anlage und Temperament kann der Mensch diesen oder jenen Weg zur Befreiung wählen. In einer Zeit der Fremdherrschaft in Indien wählt Gandhi den Weg der Handlung. Motiviert haben ihn der Hinduismus und auch andere Religionen.

Die Ethik des Yoga-Pfades

Alle drei Wege führen nach der Gitā zur Erlösung. Der Weg der wahren Erkenntnis zielt auf die Realisation der Identität aller Wesen in Brahman. Um eine solche Erkenntnis erlangen zu können, bietet der Hinduismus einen bestimmten Weg der Meditation (sādhanā). Der berühmte achtgliedrige Pfad des rājyoga, d. h. des königlichen Yoga-Weges, wird zu diesem Zweck von Patañjali in seinem bekannten Buch Yoga-Sūtra dargelegt. Die ersten beiden Stufen, yama (Kontrolle) und niyama (Reinheitsregeln) genannt, stellen eigentlich die Vorbereitungsstufen dar und dienen der ethischen Erneuerung des Geistes. Auch hier steht die ethische Kultur am Anfang der Yoga-Übungen. Bei āsana, d. h. bei der Körperhaltung, geht es um eine spannungsfreie Position, welche die Ruhe fördert, und diese Ruhe wiederum ist erforderlich für die geistige Ruhe. Viertens gibt es die Atemübungen (prānāyāma), die nach Ansicht der Yoga-Lehre das Denken und das Gemütsleben beeinflussen. Die fünfte Stufe, pratyāhāra genannt, bedeutet das Zurückziehen der Sinne von ihren Objekten. Dies hat die Kontrolle der Willensregungen zum Ziel. Je mehr unsere Sinne an den Objekten haften, desto mehr wird unser Wille von ihnen geleitet und gelenkt. Beim sechsten Schritt, dhārana (Konzentration) genannt, geht es darum, daß der Adept sein Denken auf ein bestimmtes Objekt konzentriert, um die Abschweifungen des Denkens zu vermeiden. Die siebte Stufe ist die der Meditation (dhyāna), und auf dieser Stufe soll das Denken mit dem Gedachten eins werden. Die achte und letzte Stufe wird samādhi genannt und stellt einen klaren Bewußtseinszustand dar, in dem jede Dualität getilgt ist. In diesem Bewußtsein wird das gewußt, durch dessen Wissen dann alles gewußt wird. Um diesen Weg des achtfachen Pfades zu begehen, verlassen viele Menschen ihre Familie und gehen in den Wald oder in die Berge. Dort führen sie das Leben eines Einsiedlers, um die Erlösung zu erreichen. Diesen Weg der Entsagung nennt man im Hinduismus nivritti, d. h. den Weg der Rückkehr, der spirituellen Selbstbesinnung.

Es ist richtig, daß dieser Weg zur Erlösung für die Gesellschaft kaum ethisch-moralische Handlungen aufweist, es sei denn, die Gesellschaft nimmt diesen Weg eines Menschen als beispielhaft zur Kenntnis. Dieser Weg ist sehr individualistisch, und der Adept kümmert sich in erster Linie um seine eigene Erlösung. Leider hat eine unzulässige Überbetonung dieses asketischen Weges zu manchen Mißverständnissen des Hinduismus geführt. Viele Interpreten haben daraus geschlossen, der Hinduismus besitze keine Moral. Diesem Mißverständnis unterlag sogar Albert Schweitzer in seinem 1934 veröffentlichten Buch ›Die Weltanschauung der indischen Denker‹[1]. Durch Schopenhauer gewinnt Schweitzer einen Zugang zum indischen Denken. Im Gegensatz zu Schopenhauer gelangt er jedoch zu der unzutreffenden Feststellung, das indische Denken sei unethisch, denn „es vertritt die Idee der Welt- und Lebensverneinung".[2] Unsere Ausführungen machen deutlich, daß dies zu einseitig ist und zu sehr verallgemeinert. Schon Radhakrishnan hatte sich mit dem Fehlurteil Schweitzers auseinandergesetzt und ihm eine maßlose Vereinfachung vorgeworfen. Radhakrishnan führte aus, Schweitzer hafte an dem zu einfachen Modell der Weltbejahung oder Weltverneinung und könne der Komplexität des Religiösen nicht gerecht werden.[3] Es gibt jedoch auch Fälle, daß Yogis sogar nach der Realisation der Einheit aller Wesen sich wieder in die Welt begeben, um den Menschen zu helfen.

Aber nicht alle Menschen sind geeignet, diesen Weg der Erkenntnis, verbunden mit Askese und Einsamkeit, zu begehen. Und es ist

[1] Vgl. Schweitzer, A.: Die Weltanschauung der indischen Denker, Ausgewählte Werke in fünf Bänden, Bd. 1 b.

[2] Ebd. S. 431.

[3] Vgl. Radhakrishnan, S.: Die Gemeinschaft des Geistes, Darmstadt 1952. Waligora, M.: Das Tal der Sachlichkeit. Albert Schweitzer über Indien, in: Conceptus, Jg. XXV, nr. 65, 1991.

gut so, daß ein einziger Weg nicht für alle geeignet ist. Die Geschichte hat gezeigt, daß nur eine verschwindende Minderheit fähig war, in der Einsiedelei zu leben.

Diejenigen, die in der Welt leben und der Welt dienen wollen, wählen den Weg des selbstlosen Handelns (nishkāma karma). Und dies ist der moralische Weg par excellence. Im Gegensatz zum Weg der Entsagung nennt man diesen Weg pravritti, d. h. Weg der Entfaltung. Dieser Weg zeigt eine Wesensverwandtschaft mit dem Weg der tätigen Nächstenliebe und des Dienstes an den Menschen und der Gesellschaft.

Die Ethik und die Tugendlehre der dharmashāstras

Schon in den Veden findet man die Wurzeln der hinduistischen Ethik und Moral. Die vedische Konzeption von einer kosmischen Ordnung (rita) legt uns nahe, daß wir Menschen uns als einen notwendigen Teil in dem großen Haushalt der großen ganzheitlichen Natur zu betrachten haben. Die Harmonie, die dort herrscht, muß aufrechterhalten werden durch Tugenden wie Wahrheit, Wahrheitsliebe, Freizügigkeit, Wahrhaftigkeit, Wohltätigkeit u. a. Die Hindu-Schriften über dharma enthalten viele Darstellungen der ethischen Tugenden und Pflichten. Im allgemeinen unterscheiden die Schriften zwei Arten von dharmas (Pflichten): Zunächst geht es um varnāshramadharma, d. h. das System von Rechten und Pflichten in einer Gesellschaftsordnung, das die Gesellschaft in vier Hauptgruppen teilt und jedem Teil gewisse Rechte und Pflichten auferlegt. In dem 9. Kapitel werden wir dies im Zusammenhang mit dem Kastenwesen besprechen. Ferner geht es um sādhārana dharma, d. h. das System von natürlichen, allgemeinen Rechten und Pflichten, die der Mensch als Mensch zu erfüllen hat, unabhängig von seiner Zugehörigkeit zu dieser oder jener Kaste. Außerdem geht es um mānava dharma, d. h. um die Religion der Menschheit. Über die Liste der Tugenden besteht bei den Denkern keine Einhelligkeit. Dennoch gibt es Überlappungen unter den Tugenden. Nach Manu gibt es die folgenden zehn Pflichten, die jeder Mensch zu erfüllen hat: 1. dhriti (Standhaftigkeit), 2. kshamā (Vergebung), 3. dama (Selbstbeherrschung), 4. asteya (Nichtstehlen), 5. saucha (Sauberkeit), 6. indriya-nigraha (Sinneskontrolle), 7. dhi (Weisheit), 8. vidyā (Wissen), 9. satya (Wahrheit) und 10. akrodha (Freisein von Zorn). Diese Liste zeigt, daß es hier um Rechte, Pflichten und auch Tugenden geht. Jeder, der nach

Erlösung trachtet, ist verpflichtet, diese Tugenden zu entwickeln und so seine Pflichten zu erfüllen.

Manu hatte später diese Liste auf die folgenden fünf Pflichten reduziert: 1. ahimsā (Nichtgewalt), 2. satya (Wahrheit), 3. asteya (Nichtstehlen), 4. saucha (Sauberkeit) und 5. indriya-nigraha (Sinneskontrolle). Yāñavalkya, einer der größten upanishadischen Weisen, erhebt die folgenden Tugenden zu den wichtigsten: 1. Gewaltlosigkeit, 2. Ehrlichkeit und Wahrhaftigkeit, 3. Sauberkeit, 4. Sinnesbeherrschung, 5. Wohlwollen und Menschenliebe, 6. Liebe zu allen Wesen und 7. Geduld. Diesen Werten soll sich jeder Hindu verpflichtet fühlen.

Der Tugend aparigraha kommt eine zentrale Stellung in der hinduistischen Ethik zu, und sie besteht in der inneren Haltung des Verzichts auf weltliche Güter. Diese Tugend bedeutet darüber hinaus auch die Tugend der Begierdelosigkeit und Besitzlosigkeit. Da unser Nicht-Freisein von Begierden die Quelle aller Übel ist, soll ein gläubiger Hindu versuchen, sich von den Begierden loszusagen. Aus dem Gesagten geht hervor, daß es dem Hinduismus nicht an ethischen und moralischen Lehren fehlt. Eher dürfte es an tugendhaften Hindus fehlen. Dieser Vorwurf trifft jedoch analog auf alle Religionen zu.

Prashastapāda verändert die Liste der Tugenden ein wenig. Dieser Liste gehören an: 1. die moralische Ernsthaftigkeit und Achtung vor dharma (shraddhā), 2. Gewaltlosigkeit, 3. das Wohlwollen allen Wesen gegenüber (bhutahitatva), 4. Aufrichtigkeit (satyavachana), 5. Fasten (upvāsa), 6. moralische Wachsamkeit (apramāda) u. a. Die Tugend des Wohlwollens allen Kreaturen gegenüber gibt der hinduistischen Ethik eine kosmische Eigenschaft. Diese Ethik erstreckt sich auf die Planzen-, Tier- und Menschenwelt.

Die Liste der Tugenden von Vātsyāyana, der bekannte Autor des kamasūtra, legt mehr Wert auf Tugenden, die eine größere soziale Orientierung aufweisen. Hierzu gehören die Tugenden, wie z. B. Hilfsbereitschaft den Bedürftigen gegenüber (paritrāna), Barmherzigkeit (dāna), Dienst an der Gesellschaft (paricharan) und das Wohlwollen, die Güte und die Milde (dayā). Diese Liste läßt deutlich werden, daß der Hinduismus sehr wohl eine sozial-ethische Orientierung hat.

Immer wieder hat man die Frage gestellt, warum der Hinduismus nicht die karitative Dimension entwickelt wie z. B. das Christentum. In kleinen Gruppen und auf individuellen Ebenen hat es immer karitative Handlungen im Hinduismus gegeben. Und es gibt sie immer noch. Da aber der Hinduismus keine strenge zentrale Organisation kennt, sind diese Aktivitäten nie richtig koordiniert worden. Ferner zeigt der Hinduismus nicht den Missionseifer, den viele andere Religionen aufweisen. Auf der anderen Seite gibt es einige Richtungen, wie z. B. die neohinduistische Richtung der Ramkrishna-Mission, die sehr wohl in der Welt karitativ tätig sind.

Neben den verschiedenen Listen der zu übenden Tugenden spricht die Hindu-Ethik auch von sechs inneren Feinden, die besiegt werden müssen, wenn der Mensch sich auf den Weg der wahren Tugenden begibt. Diese sechs inneren Feinde sind: 1. übertriebene Sinneslust (kāma), 2. Zorn (krodha), 3. Hochmut (mada), 4. Gier (lobha), 5. innere Verwirrung und Ohnmacht (moha) und 6. Feindschaft (mātsarya). Durch das Erwähnen der Liste der Untugenden mahnt die hinduistische Ethik zu Wachsamkeit und empfiehlt, daß man schon prophylaktisch mit der Überwindung dieser inneren Feinde beginnen sollte.

Wesensverwandt mit dem ethischen Kern anderer Religionen, insbesondere mit dem Christentum, dem Buddhismus, dem Taoismus u. a. wird die Lehre vom dharma im Mahābhārata so formuliert: Tue nicht den anderen, von dem ihr nicht wollt, daß es euch angetan wird. Wünsche den anderen, was du dir auch wünschst. Dies ist das Gesetz des dharma, das du beachten sollst.

Auf die Frage, warum wir die anderen so behandeln sollen, wie wir selber von ihnen behandelt werden möchten, gibt es verschiedene Antworten. Wir alle sind Kinder Gottes, und es ist ein heiliges Gebot Gottes, so zu handeln. Ebenso kann auf der Grundlage des analogen Schließens davon ausgegangen werden, daß das, was mir wehtut oder Freude bereitet, dem anderen ebenso wehtut oder ihm Freude bereitet. Der deutsche Indologe und Philosoph Deussen hat in der Lehre des Vedānta eine ganz andere, aber einleuchtende Erklärung und Begründung der Tugend der Nächstenliebe gefunden. Diese besteht in der Einsicht, daß die anderen Menschen ja wesensgleich mit mir sind.

Zur Pflichtethik: Kant und die Gitā

Im wesentlichen ist die Pflichtethik der Bhagavadgitā theistisch angelegt. Im folgenden sei ein Vergleich zwischen der Pflichtethik des Philosophen Kant und der der Gitā erlaubt.

Am Schluß seiner ›Kritik der praktischen Vernunft‹ spricht Kant von zwei Dingen, die sein Gemüt mit zunehmender Bewunderung und Ehrfurcht erfüllen: „Der bestirnte Himmel über mir und das moralische Gesetz in mir.“ Kant versucht, diese makro- und mikrokosmische Seite des menschlichen Daseins zu beleuchten, zu ergründen und zu begründen.

Kants Verdienst ist es gewesen, nicht nur eine Wende in der Erkenntnistheorie, sondern auch in der Ethik eingeleitet zu haben. Diese Wende bedeutet in der Ethik, daß der Mensch eine moralische Autonomie besitzt. Es geht dabei nicht um eine heteronome, sondern um eine autonome Ethik, was bedeutet, daß der Mensch sein eigener moralischer Gesetzgeber ist. Dieses moralische Gesetz, das der Mensch aus seiner Vernunftnatur, aus seiner Freiheit heraus sich selbst vorschreibt, heißt der kategorische, der moralische Imperativ. Im Gegensatz zum hypothetischen, stellt der kategorische Imperativ einen unbedingten Befehl des autonomen Willens dar, der befolgt werden muß. Hierin liegt der Kantische Appell an den einzelnen, in jedem Augenblick rigoros seine Pflicht zu tun. Und unsere Pflicht ist das Handeln, das unserem Willen in Verbindung mit dem moralischen Gesetz folgt.

In der Ethik Kants geht es grundsätzlich um die Frage der praktischen Ausrichtung des Handelns. Dabei kann Kant nicht vermeiden, daß seine Ethik formal und rigoros wird. Der Grund liegt in folgendem: partikuläre Gesichtspunkte, Maximen können nicht allgemein sein; sie bewegen sich immer im Bereich des Egoismus, Eudämonismus usw. Der freie, der sittliche Wille bedarf einer Allgemeinheit, und diese liegt in der Vernunft eines jeden Individuums beschlossen.

Kant geht davon aus, daß der Mensch mündig sei und die Regeln seines Tuns selbst bestimme. Daher ist die Kantische Ethik weder eine des wohlverstandenen Eigeninteresses noch eine Fremdgebotsethik. Moral begründet sich vielmehr dadurch, daß sie für alle mit ihren Regeln allgemein werden kann. Die moralische Autonomie gehört zu einem Wesen, das zur Vernunft aufgerufen ist. Kants Ethik ist keine Privatethik, die immer wieder zu irgendeiner Art Doppelmoral führt und führen muß.

Eine Handlung, die der Mensch unter dem Einfluß einer Ideologie, einer Partei oder dem Einfluß seines Eigennutzes vollzieht, kann nach Kant nicht das Prädikat „moralisch“ verdienen. Nur diejenige Handlung ist moralisch gut, die einzig und allein aus dem Pflichtgefühl heraus unternommen wird. Diese Pflichtethik ist nach Kant die einzige Richtschnur des menschlichen Lebens. Pflicht kennt keine Neigung, kein Gehorsamsdenken, und ein von Pflicht erfüllter Mensch tut nur seine Pflicht und denkt nicht an Erfolge oder Mißerfolge. Persönliche Neigungen und Abneigungen mögen zwar da sein, aber die einzige Quelle des kategorischen Imperativs ist die freie, autonome Vernunft. Der moralische Wille wird korrumpiert, wenn er einem außerhalb seiner selbst liegenden Zweck unterliegt. Wie ein Diamant leuchtet der reine Wille in seinem eigenen Licht.

Das moralische Gesetz ist der allgemeinste und zugleich der abstrakteste Befehl an den Willen des Menschen. Kant hat seinem moralischen Imperativ verschiedene Formulierungen gegeben. Die wichtigsten drei Formulierungen lauten: 1. „Handle nur nach derjenigen Maxime, durch die du zugleich wollen kannst, daß sie ein allgemeines Gesetz werde", 2. „Handle so, daß du die Menschheit, sowohl in deiner Person als in der Person eines jeden anderen, jederzeit zugleich als Zweck, niemals bloß als Mittel brauchst" und 3. „Handle so, als ob du ein gesetzgebendes Glied im allgemeinen Reiche der Zwecke wärest".[4]

Diese verschiedenen Formulierungen möchten folgendes ausdrücken: Mein Handeln muß stets gemäß Maximen erfolgen. Diese Maximen habe ich mir von keinem vernünftigen Wesen aufzwingen lassen. Sie entstammen auch nicht meinen unvernünftigen Begierden und Neigungen. Der reine Wille, der da herrscht, ist kein fremder Wille, sondern mein freier Wille, der sein eigener Gesetzgeber ist.

Kants moralischer Imperativ ist eine harte Forderung an uns. Jeder soll so verfahren, daß er zunächst in aller Redlichkeit sich die Frage stellt, ob seine Maxime allgemein werden könne. Keine fremde Instanz kann uns hier helfen, und nur unser eigenes Gewissen kann uns da sagen, ob wir uns dieser rigorosen Prüfung unterzogen haben. Redlichkeit ist daher nur eine Angelegenheit des Gewissens.

Habe ich mich redlich einer solchen Prüfung unterzogen, so ist es meine oberste Pflicht, nach dieser Maxime zu handeln. Diese Pflicht darf aber nicht als Unterwerfung unter irgendeine Obrigkeit mißverstanden werden. Es geht hier nicht um blinden Gehorsam – sei er aus Angst oder Eigennutz. Das, was hier Pflicht heißt, ist doch wohl nichts anderes als das rein Humane in uns allen. Aus Einsicht in das Gesetz und Achtung vor dem Gesetz resultiert die Pflicht. Sie ist ein allgemeines Sollengesetz.

[4] Kant, I.: Grundlegung zur Metaphysik der Sitten, Philos. Bibl. Bd. 41, S. 42 ff.

Wenn Kant den Gebrauch des Menschen als Mittel zum Zweck strikt ablehnt, dann begründet er dies so: Im Reich der Zwecke hat alles entweder einen Preis, der auch ersetzt werden kann, oder eine Würde, die über jeden Preis erhaben ist und niemals ersetzt werden kann. Da der Mensch Würde besitzt, ist er nicht ersetzbar.

Diese Ethik, so meint Kant, ist nur dann erklärbar, wenn der Mensch nicht nur Bürger dieser kausal bestimmten Sinneswelt, sondern auch Bürger einer Welt der Freiheit ist. Da Freiheit in einer kausal bestimmten Welt nicht zu finden ist (und dies wird von den Naturwissenschaften bestätigt), müssen wir entweder auf sie verzichten (und damit auch auf Verantwortung, Schuld im politischen und sozialen Zusammenhang) oder die Hypothese aufstellen, daß der Mensch auf Grund des faktisch gelebten Lebens auch ein Bürger einer besseren Welt ist und einen intelligiblen Charakter aufweist. Als moralisch Handelnde müssen wir nach Kant von den folgenden drei Postulaten ausgehen: 1. die Freiheit, 2. die Unsterblichkeit und 3. die Existenz Gottes. Da Kants Ethik eine autonome Ethik ist, kann sie ohne die Annahme der Freiheit des handelnden Willens nicht erklärt werden. Als unfreie Wesen können wir keine Verantwortung tragen. Das „Du sollst“ impliziert, daß du kannst. Das zweite Postulat der Unsterblichkeit erklärt, daß nur ein Fortleben nach dem Tode die Erwartung erfüllen kann, die als Forderung dem sittlich Guten innewohnt. In dieser sinnlichen, empirischen Welt wird das Gute nicht immer belohnt. Und Kant geht davon aus, daß es eine Forderung der Moral ist, daß das Gute belohnt werden soll und muß. Hinzu kommt die Vervollkommnungserwartung des Menschen, die in dieser Welt niemals ganz realisiert wird. Wenn hier von Belohnung die Rede ist, so heißt das nicht, daß Kant eine Ethik der Belohnung oder Strafe betreibt, sondern eine solche Forderung in der Idee der Sittlichkeit begründet sieht. Wäre die Beziehung zwischen Tugend und Glückseligkeit eine analytische, d. h. eine logisch zwingende, aus dem Begriff Tugend ableitbare, so würden wir überall erleben, daß kein tugendhafter Mensch unglücklich ist. Da aber die Beziehung eine synthetische ist und sich von uns nicht herstellen läßt, postuliert Kant das Dasein Gottes, der eine solche Verbindung garantiert und auch herstellt. Dies sind Postulate, Hypothesen eines reinen moralischen Vernunftglaubens.

Kants sogenannte Kopernikanische Wende oder Revolution der Denkart zeigt aber auch, daß der Weg zur Religion über die Moral läuft und nicht umgekehrt. Das Religiöse ist das, was sich allgemein moralisch rechtfertigen läßt. Wenn Kant an Gott glaubt, so glaubt er nicht aus irgendeiner religiösen, sondern lediglich aus moralischer Notwendigkeit.

Für Kant ist Philosophie eigentlich die Idee einer vollkommenen Weisheit, und hiermit kommt er dem Grundmotiv der indischen Philosophie sehr nahe. Auch eine Analyse der bekannten vier Fragen Kants 1. „Was kann ich wissen?“, 2. „Was soll ich tun?“, 3. „Was darf ich hoffen?“, 4. „Was ist der Mensch?“, macht deutlich, daß die Kantische Philosophie nicht beim Methodischen stehenbleiben will, sondern das autonome Sein des Menschen inmitten einer kausal-determinierten Welt im Rückgriff auf Moral und Glauben erhellen will.

Die Bhagavadgitā nimmt unter den Abhandlungen des Mahābhārata die bedeutendste Stelle ein. Neben der Bergpredigt war sie die Lieblingslektüre Gandhis. Die Gitā ist eine eigenartig gelungene Mischung von religiösen und philosophsichen Abhandlungen. Sie ist aber kein esoterisches Werk. Im Gegensatz zum Kantischen System stellt sie kein von einem Denker entworfenes System dar. Sie ist vielmehr eine Tradition. Ihre Botschaft ist eigentlich eine Lebensphilosophie. Diese lautet: Das Erfassen des Lebenssinnes geht dem Handeln voraus. Ethisches Handeln wurzelt in einer tiefgründigen metaphysischen Schau.

Der Bruderkampf zwischen den Pāndavas und den Kurus ist der direkte Anlaß für die Botschaft Krishnas an Arjuna, der sich von so vielen der Pflicht nicht zugehörenden Überlegungen geplagt fühlt.

Ähnlichkeiten und Unterschiede der beiden Modelle

Die Gitā bietet recht interessante und der Kantischen Pflichtethik sehr ähnliche Vergleichspunkte. Sie versucht, verschiedene, in der langen Hindu-Tradition vorhandene religiös-philosophische Gesichtspunkte zu vereinigen. Der religionsphilosophische Aspekt Gitās besteht in der Einsicht, daß ein universaler göttlicher Geist in uns allen wohnt und in den sterblichen Körpern weilt.[5] In ihrem ethischen Aspekt, der für unsere Zwecke hier weiter erörtert werden soll, lehrt die Gitā eine uninteressierte Hingabe an die Pflicht. Wie schon angedeutet, ist ihr Motto: Handle aus reiner Pflicht ohne Rücksicht auf den Erfolg oder Mißerfolg. Nichthandeln ist aber ebenso schlecht wie das Handeln aus Neigung, Eigennutz, Angst, Freude, Gier usw. Der goldene Mittelweg zwischen den von Interes-

[5] Gitā, II, 47.

sen geleiteten Handlungen und der Untätigkeit ist der berühmte Lehrsatz vom Handeln aus bloßer Pflicht.

Es ist ein grobes Mißverständnis der Lehre der Gītā, zu meinen, sie predige einen Inaktionismus. Alles Körperliche ist so geartet, daß es ohne Handlung nicht auskommen kann. Nach der Gītā ist alles ichhafte Tun mit Leiden verbunden. Die Reinigung des Geistes ist der beste Weg zur spirituellen Erfahrung des Göttlichen. Der Geist ist der Tummelplatz aller Leidenschaften, und das Innere des Menschen ist die Quelle aller Handlungen. Die Gītā lehrt nicht den Verzicht auf Handeln, sondern das Verzichten im Handeln.

Die wichtige Voraussetzung für die richtige Handlung ist das Kultivieren des Gleichmuts. Das eigentliche Markenzeichen eines Yogis ist die Haltung des Gleichmuts, eine Haltung, die die beiden Extreme einer uferlosen Freude nach Erfolg und der grundtiefen Depression nach Mißerfolg vermeidet.

In allen Menschen wohnt der göttliche Geist. Deshalb soll man keinen Unterschied machen zwischen Menschen verschiedener Rassen, Gruppen, Völker usw.

Die Vereinigung mit dem ewigen Geist ist das Ziel aller religiöser Handlungen. Der Adept erreicht im samādhi diese Union mit dem ewigen Geist. Es geht hier nicht bloß um ein intellektuelles Begreifen, sondern um die Realisation des Göttlichen. Zur Pflichterfüllung gehört nicht nur die Erkenntnis des Lebenszieles, sondern und vor allem auch die Hingabe an Gott. Wollen wir die eigentliche Absicht dieser Lehre begreifen, so müssen wir uns den Beginn in der Gītā vergegenwärtigen. Arjuna weigert sich zu kämpfen, weil er verwirrt ist und im Kampf mit den Verwandten keinen Sinn sieht. Da aber Untätigkeit keine Lösung darstellt, ist es die Aufgabe der Gītā, Arjuna zur Tat zu bekehren. Die Gītā stellt die Frage, ob das Handeln oder der Verzicht auf Handeln der bessere Weg sei. Sie kommt zu dem Schluß, daß das Handeln dem Nicht-Handeln vorzuziehen sei. Aber das Handeln, das die Gītā lehrt, ist ein Handeln aus Pflicht. So ist die Gītā eine Verfechterin des pflichtgemäßen Handelns jenseits von bloßem Aktionismus und von Tatenlosigkeit.

Wahres Tun ist nach der Gītā ein Nicht-Tun, da es ohne ein Trachten nach Lohn geschieht. Es ist aber auch nicht ein Verzicht auf das Tun, weil es aus der Pflicht heraus und im Zustande der Begierdelosigkeit vollzogen wird. Das, was uns an die Welt und an die Dinge in ihr bindet, sind nicht die Handlungen selbst, sondern die Beweggründe dieser Handlungen. Es ist ein Mißverständnis, den Verzichtgedanken der Gītā so zu verstehen, daß es um eine Askese hinsichtlich der Handlungen geht. Der Verzicht, die Entsagung bezieht sich auf die innere Geisteshaltung, die den Handlungen zugrunde liegt.

Vergleichen wir die Ansichten Kants mit denen der Gitā, so finden wir manche interessante Ähnlichkeiten, aber auch erhellende Unterschiede. Auch die Gitā geht von der Überzeugung aus, daß das Bewußtsein die Handlungsstrukturen enthält. Sowohl Kant als auch die Gitā vertreten die Theorie einer Pflichtethik. Beide vertreten den Standpunkt der Antihedonisten und raten uns, unsere Leidenschaften und Begierden zu unterlassen. Wir sollen uns nur von unserer Pflicht leiten lassen. Die Reinheit des Willens spielt die zentrale Rolle in beiden ethischen Systemen. Ein Yogi, der die Geisteshaltung der Entsagung nicht besitzt, ist wie ein Mönch, der nur sein Gewand, nicht aber seine Seele gefärbt hat.

Im Gegensatz zu Kant ist die Konzeption der Ethik in der Gitā nicht rein formaler Natur. Aufgrund der Einführung des bhakti-yoga ist sie auch nicht so rigoros. Obwohl die Gitā den Terminus Pflicht nicht so streng definiert wie Kant, ist ihr Pflichtbegriff dennoch auch im Sinne einer sozialen Verpflichtung zu fassen. Der Mensch als ein Mitglied der Gesellschaft hat bestimmte Funktionen in ihr zu erfüllen. Die Individuen sind Platzhalter für die Funktionen. So erwähnt die Gitā auch die verschiedenen Pflichten der Mitglieder der vier Kasten.

Der große und grundsätzliche Unterschied zwischen Kant und der Gitā liegt darin, daß die Gitā im Gegensatz zu Kant nicht von Gott im Sinne eines Postulats spricht. Während Kant hofft, daß es einen Gott geben solle oder gar müsse, versichert Krishna Arjuna, daß er immer das Böse vernichten und das Gute schützen werde. In der Gitā geht es um einen Gottesbegriff, der im samādhi unmittelbar erlebt wird. Der Kantische Gott als Postulat scheint eine für die Kantische Ethik notwendig gewordene Instanz darzustellen, denn dieser Gott übernimmt die Funktion der Vermittlung zwischen dem moralisch Guten und Glücklichen. Die Kluft zwischen dem Religiösen und Ethischen bleibt letzten Endes bei Kant bestehen, während für die Gitā die religiöse und ethisch-moralische Erfahrung eine Einheit bilden. Diese Orientierung auf Gott hin in der Lehre der Gitā nimmt viel von der Trockenheit, Rigorosität und Formalität der Kantischen Ethik und verschreibt konkrete Pflichten. Freilich ist die Ethik der Gitā nicht mehr autonom wie die Kants.

8. Kapitel

DIE BHAGAVADGITĀ UND DIE LEHRE VON DER GEWALT UND NICHTGEWALT

> Das Ideal, welches uns die Gitā vor Augen führt, ist ahimsā, Gewaltlosigkeit ... Wohl müssen wir gegen das Böse kämpfen, doch führt es zu unserer eigenen geistigen Niederlage, wenn wir uns selbst zum Haß verleiten. Es ist unmöglich, in einem Zustande absoluter Gelassenheit und Versenkung in Gott, Menschen zu töten.
>
> Radhakrishnan

Der Begriff und die Geschichte der Gewalt und Nichtgewalt in den indischen Schriften

Der bekannte und grundlegende Begriff des rita (Ordnung, Gesetz, Harmonie, Wahrheit, Lauf der Natur) im Rigveda spielt eine sehr wichtige Rolle in der Ethik der Hindus. Rita geht auf die indoiranische Tradition zurück. Denn in Awesta, der heiligen Schrift der Zarathustra-Anhänger, ist von arta (rita) die Rede. Arta stellt die Seele Ahur-Mazdas dar.

Der Begriff ahimsā wird auch in bezug auf das Verhalten zwischen Lehrer und Schüler gebraucht. Bei der Erziehung des Zöglings darf man keine Mittel anwenden, die Leid verursachen. Der Umgang soll liebevoll sein; harte Worte sollen vermieden werden, denn auch diese tun weh. Man soll versuchen, auch die härteste Wahrheit möglichst liebevoll zu sagen.

Mit der Zeit wurde die an ahimsā orientierte Verhaltensregel zum Paradigma für das Verhältnis zwischen den Menschen und anderen Lebewesen. Indische Schriften, orthodoxe und heterodoxe, machen deutlich, daß es hauptsächlich zwei Richtungen im indischen Denken hinsichtlich des Ideals der Nichtgewalt gibt: 1. die Texte der Hindu-Tradition von den Veden bis zur Gitā und anderen Shāstras und 2. die jainistische und buddhistische Tradition. Im Vergleich zu den Hindu-Schriften wird die Lehre von der Nichtgewalt mit größerer Strenge von den beiden letztgenannten Richtungen vertreten. Ahimsā ist ein integraler Teil dieser Schulen.

Die Hindu-Schriften lehnen dagegen Gewalt nicht immer ab. In den Veden ist von Opferriten die Rede, die unvermeidlich Gewalt mit sich bringen. Freilich kann man auch auf dem Wege der Selbstbeherrschung seine eigenen Gedanken, Wünsche und andere Verblendungen opfern. In den indischen Shāstras findet man zu diesem Zwecke eine Topologie der Viererteilung der Gesellschaft und der Lebensziele der Menschen (vgl. Kap. 9). Dieser Teilung liegt der Begriff des dharma zugrunde, und wer dharma befolgt, übt die Haltung des Nichtschädigens allen Wesen gegenüber. Idealtypisch gesehen, war der Krieg eine Angelegenheit der Kriegerkaste. Freilich haben auch andere an den Kriegen teilgenommen, aber dies gehörte dann nicht zu ihren Kastenpflichten. Das Recht auf Selbstverteidigung steht jedoch jedem zu. Dies billigen auch die Hindu-Schriften.

Selbst im Manusmriti ist es einem Angehörigen einer niederen Kaste bei der Selbstverteidigung erlaubt, einen Brahmin zu töten, wenn dieser jenen angreift und dessen Leben gefährdet. Weder begeht der so Angegriffene eine Sünde noch verdient er eine Strafe. Auch dem Volk wird das Recht zugestanden, gegen einen Herrscher zu revoltieren, wenn er von der dharma-Ordnung abfällt.

Interessant ist, daß die Hindu-Schriften das Töten von Tieren zur Ernährung zurückweisen. Dies um so mehr, wenn es um Angehörige der oberen Kasten geht. Nicht, daß alle Hindus Vegetarier wären, aber das Ideal des Vegetarismus wird hochgehalten. Die Angehörigen der unteren Kasten haben immer Fleich gegessen. Selbst die Brahmins in Bengalen dürfen Fisch verzehren und meinen z. T. scherzhaft, Fische seien Meeresgemüse. Für die Tāntrikas war der Fleischgenuß aus rituellen Gründen erlaubt. Die Kshatriyas dürfen das Fleisch der von ihnen erlegten Tiere verzehren. Trotz der konträren Praktiken war der klassische Hinduismus für den Vegetarismus und für den Schutz des Tierlebens.

Die Regeln der Nichtgewalt für die Mönche sind viel strenger als die für den Hausvater. Im vierten Buch des Manu ist das Einhalten der absoluten Nichtgewalt für die Wandermönche die höchste Pflicht. Sie sollen sich auch in Nichtgewalt üben, wenn ihnen Gewalt angetan wird. Sie sollen geduldig sein, wenn sie beleidigt werden. Sie sollen der Beleidigung nicht mit Beleidigung begegnen. Keine Feindschaft sollen sie den anderen gegenüber hegen. Sie sollen die Menschen segnen, die sie verfluchen.

Die Zeit der bhakti-Bewegung im Hinduismus hat das alte Ideal der Nichtgewalt erneuert und predigt das Ausüben der Nichtgewalt allem Lebendigen gegenüber. Ein Bhakta ist von einer universellen Liebe beseelt, verabscheut den oberflächlichen Ritualismus und lebt wie ein Vegetarier. Kabir ist ein leuchtendes Beispiel; er kritisiert die Art des Schlachtens der Hindus (jhatkā) ebenso wie die der Muslime (halāl); denn in beiden Fällen wird dem Tier Gewalt angetan.

In dem Terminus ahimsā steht die Vorsilbe „a" für die Negation. So ist der Ausdruck sprachlich negativ und besteht in der Vorschrift, von Gewalt abzusehen. Die positive Seite dieses negativen Terminus ist jedoch mit Liebe, Mitleid, Wohlwollen verbunden. Oft begegnet man diesem Ausdruck in den indischen Schriften. Nach Patañjali gehört Nichtgewalt im Denken, Sprechen und Handeln zu den Tugenden der ersten Stufe seines Yoga-Systems.

Die Hindu-Schriften verdammen, wie schon angedeutet, Gewalt nicht immer und auch nicht einhellig. Die Opferriten, die Gewalt mit sich brachten, vollzog man, um Verdienste für das nächste Leben zu erwerben. Der Buddha protestierte heftig u. a. auch gegen diesen vedischen, brahmanischen Ritualismus. Im Geiste der Lehre Buddhas finden wir zum ersten Mal den großartigen Versuch, den der große König Ashoka unternahm, auf der Grundlage der Nichtgewalt eine sozial-politische Organisation der Gesellschaft aufzubauen. Eine ausdrückliche Ablehnung des Krieges finden wir nur bei ihm.

Die Anhänger des Jainismus sind der Ansicht, daß Risabha (der erste Tirthānkara – wörtlich Furtbereiter, Wegweiser) der eigentliche Entdecker des Prinzips der Nichtgewalt gewesen sei. Er soll vor der Ankunft der Ārier in Indien gelebt haben. Es mag sein, daß dieser erste Heilige der Jainas eine mythische Gestalt ist. Was jedoch unbestritten ist, ist die zentrale Stelle der Lehre von der Nichtgewalt im Jainismus. Manchmal wird diese Lehre sogar übertrieben. Die Mönche tragen ein Tuch vor dem Mund, um nicht kleine Organismen zu inhalieren. Sie tragen einen Wedel bei sich, um den Platz, auf den sie sich setzen wollen, von kleinen Tieren zu befreien.

Manu lehrt, daß der Wunsch nach Wohlergehen ein Merkmal aller Wesen sei. Je mehr man die Lehre von der Nichtgewalt praktiziert, desto näher kommt man dem Ziel des Wohlergehens. Manu geht sogar so weit, daß er meint: Wenn ein Mensch einen anderen veranlaßt, ein Wesen zu töten, oder wenn er selbst Fleisch kauft, verkauft oder auch kocht, begeht er eine Sünde. Den Buddhisten wird empfohlen, den Beruf eines Metzgers nicht zu wählen. Es gehört jedoch zu den Ungereimtheiten des Manusmriti, daß Manu auf der einen

Seite selbst im Fleischkochen eine Sünde erblickt, aber im Befolgen des vedischen Ritualismus Tieropfer gutheißt.

Die Gitā und die Gewaltlosigkeit

Das große Epos Mahābhārata erzählt von den Nachkommen des Königs Bharata, den Kurus und Pāndus und den Kämpfen zwischen ihnen.

Fast hunderttausend Doppelverse umfaßt dieses Epos. Freilich stammen viele Teile davon aus verschiedenen Zeiten und sind im Laufe der Zeit zu der heutigen Form zusammengewachsen. Die Schrift Gitā stellt das Herzstück dieses Epos dar. Dieser Gesang des Erhabenen enthält eine Lebensphilosophie, die u. a. ethisches und moralisches Handeln zum Thema hat. Zwischen dem bloßen Handeln und Nichthandeln ist das richtige Handeln angesiedelt.

Dabei stellt sich die Frage, ob Handeln oder das Verzichten auf das Handeln besser sei. Die Antwort fällt zugunsten des Handelns aus, eines Handelns jedoch, das weder Handeln aus Erfolgsmotivation noch aus Gier, Haß und Angst ist. Anfänglich wollte Arjuna ja aus diesen Beweggründen auf das Handeln verzichten.

Der eigentliche Geist der Handlung bedeutet nicht den Verzicht *der*, sondern den Verzicht *in der* Handlung.[1] Arjuna ist verzweifelt, er kann und will nicht den Krieg führen, dazu noch gegen die eigene Verwandtschaft. Er sieht zwar das Unrecht, das den Pāndus geschehen ist, aber dennoch möchte er lieber ein Mönch werden und seinen Frieden erreichen.

Krishna erinnert Arjuna an seine Aufgaben im Rahmen seiner Kastenzugehörigkeit (svadharma). Arjuna ist ein Hausvater und ein Angehöriger der zweiten Kaste (Kshatriya). Es ist seine Pflicht, zu kämpfen, um so den Frieden und die Gerechtigkeit wieder herzustellen. Krishna hat alles versucht, um zwischen den verfeindeten Parteien Frieden zu stiften. Er sagt zu Yudhisthira: „Ich will selbst an den Hof der Kauravas gehen und versuchen, eine friedliche Lösung herbeizuführen. Wenn die Kauravas auf meinen Rat hören, gut, dann wird Frieden sein zwischen Kauravas und Pāndavas. Wenn sie meine Vorschläge verwerfen, nun, dann wird Krieg sein.“[2] Krishna

[1] Vgl. Die Bhagavadgitā, hrsg. von S. Radhakrishnan mit Einleitung, Sanskrittext, Übersetzung, Kommentar, Baden-Baden 1958, Gitā II, 47, S. 136.

[2] Das Mahābhārata, hrsg. von B. Roy, Köln 1961, S. 202.

bittet die Kauravas, den Pāndavas Gerechtigkeit widerfahren zu lassen und ihnen das zu geben, was ihnen gebührt. Er scheitert jedoch mit seiner Mission, kehrt zurück und kann den schicksalhaften Gang der Dinge nicht aufhalten. Im Mahābhārata wird in allen Einzelheiten erzählt, was der Krieg mit sich bringt.

Als die beiden Heere sich gegenüberstehen, erleidet Arjuna Gewissensqualen allein schon bei der Vorstellung der Gewalt, die er anwenden muß, wenn es zum Krieg kommt. Dies um so mehr, weil es in diesem Krieg zu Auseinandersetzungen von Vettern, Onkeln, Söhnen, Enkeln, Schwägern und Freunden kommt. Er ist verwirrt und bedarf der Ratschläge von seinem göttlichen Wagenlenker Krishna. „In seiner großen inneren Not wandte er sich (Arjuna) an Vāsudeva und sagte, es sei besser, von seinen Feinden getötet zu werden, als selbst zu töten. Er sähe keinen Sinn darin, ein Königreich um einen so hohen Preis – den Tod so vieler naher Verwandter – zu gewinnen ... Es sei Sünde, Menschen zu töten, weil die Folgen des Krieges schrecklich seien.“[3]

Getötet zu werden, so meint Arjuna, ist besser als zu töten. Die Kunst des Tötens lernt jeder Soldat. In der Kunst des Sterbens, so die Ansicht Gandhis, muß man unterrichtet werden. Gandhis Verständnis der Gitā legt auf die Gewaltlosigkeit mehr Wert als auf die Gewalt.

Krishna weiß, daß Arjuna von den Gedanken an die Folgen des Krieges überwältigt ist. „Du hast über Religion gesprochen wie ein weiser Mann“, sagt Krishna zu Arjuna, „aber bist du dir auch der Tatsache bewußt, was für den Weisen über Trauer, Leben oder Tod steht?“[4] In diesem Zusammenhang ist die Seele gemeint, die sich jenseits von Geburt und Tod befindet. Die Seele wechselt auf ihrer Wanderung viele Körper, so wie der Mensch in seinem Leben die Kleider.

Wer am Leben hängt, erlangt keine Erlösung. Es ist eine Verblendung, zu meinen, man könne die Seele zerstören. Die Seele ist unvergänglich, ewig und unzerstörbar. Daher heißt es in der Gitā: „Wer glaubt, andere zu töten oder getötet zu werden, ist ohne wahres Wissen.“[5]

Krishna lehrt Arjuna, daß sein (Arjunas) Bedenken, zu töten oder getötet zu werden, völlig grundlos sei, denn in dem ewigen Auf und

[3] Ebd. S. 217.
[4] Ebd. S. 217 f.
[5] Ebd. S. 218.

Ab der Welt (des samsāra) findet die Seele immer wieder ihren neuen Körper. Krishna ahnt, daß diese ein wenig zu spekulativ-metaphysisch geratene Rede Arjuna nicht ganz überzeugt. So greift er zu anderen Überzeugungskünsten: dem Pflichtenkodex aus dem altehrwürdigen Varnasystem. Eindringlich ermahnt er Arjuna und legt ihm seine Pflichterfüllung nahe. Arjuna sei nun im Rahmen seiner Pflichterfüllung dazu berufen, einen gerechten Kampf zu führen. Er solle darauf stolz sein und nicht zaudern. Diese Begründung eines „gerechten Krieges" kann zweischneidig sein, da beide kriegführenden Parteien sie für sich beanspruchen können.

Die Pflichterfüllung wird von Krishna so ausgelegt: Kämpft man für eine gerechte Sache, so kann man nur gewinnen. Sollte Arjuna getötet werden, so stünde ihm der Himmel offen. Sollte er dagegen siegen, so könnte er sich seines Königreiches erfreuen. Diese zweifache Begründung enthält ein pragmatisches und ein soteriologisches Moment. Er verlöre jedoch seine Ehre, wenn er sich weigere zu kämpfen. Der Verlust der Ehre wäre noch schlimmer als der Tod. Ein solches Verhalten würde als Feigheit ausgelegt werden. Auch Gandhi plädiert für die Gewalt, wenn es nur um die Wahl zwischen Gewalt und Feigheit geht.[6]

Arjuna wird an dieser Stelle in die eigentliche Pflichtenlehre eingewiesen. Die Pflicht ist um ihrer selbst willen zu erfüllen, ohne Streben nach deren Früchten. Erfolg oder Mißerfolg darf nicht die Triebfeder des Handelns sein.

Auf die Frage des noch nicht völlig überzeugten Arjunas, welches die Merkmale derjenigen Personen seien, die durch Kontemplation Weisheit erlangen, antwortet Krishna: „Tätigkeit, frei von Begehr. Wer weder von Sorgen gequält noch von Freude erregt wird, wer weder durch Kummer betrübt noch durch Glück entzückt wird, wer keinerlei Furcht fühlt, ist wirklich ein Weiser."[7]

Auch diese Beschreibung des Gemützustandes überzeugt Arjuna noch nicht ganz. Er will den richtigen Weg wissen, dessen Begehen ihm hilft, das höchste Gut zu erlangen. Krishna weist in diesem Zusammenhang auf zwei Wege hin: den des Handelns (karmamārga) und den der wahren Erkenntnis (jāmārga). In der leidenschaftslosen Pflichterfüllung liegt die höchste Aufgabe des Menschen. Arjuna solle alle seine Gedanken und Taten auf Gott beziehen. Ferner solle er

[6] Vgl. Mall, R. A.: Die Herausforderung. Essays zu Mahatma Gandhi, Hildesheim 1989.

[7] Wie Anmerkung 2, S. 219.

von allen Wünschen und Gefühlen ablassen und sich dem Kampf verpflichten. Eine Übertragung auf moderne Konflikte, wie z. B. auf die beiden Weltkriege, den Konflikt in Jugoslavien und auch auf den Konflikt in Indien selbst, ist ohne weiteres nicht möglich, weil alle Parteien meinen, den gerechten Krieg zu führen. Eine interreligiöse Instanz, die auf den Überlappungen zwischen den Religionen gründet, könnte hier Hilfe bieten.

Die eigentlichen Feinde des Menschen sind Gier und Zorn. Sie verdunkeln den Verstand und führen zur Untätigkeit. In Arjunas Fall ist sein Zweifel der ärgste Feind. Und sein Zweifel wurzelt in der Unwissenheit. Mit dem Schwerte des Wissens soll diese Unwissenheit beseitigt werden.

Nachdem Arjuna die Rede Krishnas über das Leben, den Tod, die Geburt, die Seele, die Pflicht und Gott gehört hatte, widerfuhr ihm eine Art Erleuchtung. Diese wurde bestärkt, als Krishna sich auf die Bitte Arjunas in seiner allumfassenden, kosmischen Gestalt zeigte. Danach gab es keinen Raum mehr für Zweifel, Reue oder Mitleid. Dennoch war Arjuna aufgerufen, sich freiwillig zu entscheiden.

An anderer Stelle in der Gitā ist von schicksalhaftem Geschehen die Rede, was einem Determinismus gleichkommt. Der Tod der Feinde Arjunas ist schon vor dem Krieg besiegelt. Arjuna kommt nur die Rolle eines Werkzeugs zu. Wer als Werkzeug Gottes handelt, begeht keine Sünde. Allerdings besteht die Gefahr, daß alle Parteien sich auf den Willen Gottes berufen.

Eine tiefe psychologische Lesart von Gewalt und Nichtgewalt scheint der Botschaft Krishnas zugrunde zu liegen. Er rät uns, aus dem Pflichtgefühl zu handeln ohne Zorn, Gier, Haß und Bosheit. Dabei sind Gewalt und Nichtgewalt an die innere Einstellung gebunden. Wer innerlich wütend und voller Rachegedanken ist und nur aus Machtlosigkeit und anderen Beweggründen nicht zur Gewalt greifen kann, der ist gewaltsam, auch wenn er äußerlich keine Gewalt übt. Dies ist der Kern der Lehre der Gandhischen Gewaltlosigkeit.

Die Gewalt wird nicht in jeder Form zurückgewiesen, denn ein Minimum von Gewalt gehört zum Leben. Unsere Pflicht besteht jedoch darin, die Gewalt, wo immer möglich, zu reduzieren. Völlige Gewaltlosigkeit ist das Ideal, das uns den Weg weist.

Die Haltung zu Gewalt und Nichtgewalt ist im Mahābhārata nicht immer eindeutig. Dies zeigt folgende Geschichte, die im zwölften Kapitel erzählt wird. In dieser Geschichte wird Kritik am vedischen Ritualismus (yajña-nindā) geübt: Ein frommer Brahmin lebte einmal in einer Waldeinsiedelei. Im Geiste der vedischen Gebote wollte er

Opferriten vollziehen, scheute sich jedoch, den Opfertieren Gewalt anzutun. So entschied er sich, den Göttern in Form einer Hostie aus Getreide das Opfer darzubieten. Eine Antilope, die sich in der Nähe aufhielt, bemerkte dies. In ihre Gestalt war der Gott der Rechtschaffenheit geschlüpft, um den Brahmin zu prüfen. Die Antilope wandte sich an den Asketen. Sie beschrieb die Nutzlosigkeit seiner Opfergaben und bot sich selbst als Opfertier an. Dies beunruhigte den Brahmin sehr. Zunächst lehnte er das Opfer ab, weil er keine Gewalt üben wollte. Als die Antilope darauf verwies, daß ein Tieropfer für seine Zukunft und die des Tieres nützlich sei, nahm der Brahmin schließich das Angebot an. – Diese Wende in der Geschichte zeigt, wie sich die Befürworter der Tieropfer fast sophistischer Mittel bedienten, um diese Tieropfer zu rechtfertigen, indem sie damit sowohl dem Opfertier als auch dem Opfernden nur Vorteile versprachen. Das Opfertier ist dabei der eigentliche Verlierer.

Die Geschichte war damit nicht zu Ende: Als das Tier geopfert war, verlor der Brahmin seine Verdienste, die er durch gute Taten erworben hatte. Das Opfer zeigte sich in seiner ursprünglichen Gestalt als dharma und zeigte dem Brahmin auf diese Weise das heilige Prinzip des Nichtschädigens (ahimsā). Die Nichtgewalt wurde so zur höchsten Tugend erhoben.

Die Bhagavadgitā ist nicht nur eine Erbin der langen Tradition der Hinduorthodoxie, sondern sie nimmt auch die heterodoxe Tradition des Jainismus und Buddhismus zur Kenntnis, und nicht nur zur Kenntnis, sondern versucht, diese in ihre Lehre zu integrieren. Diese Integrationsfähigkeit ist auch ein Merkmal des Hinduismus.

Gandhi, die Gitā und die Nichtgewalt

„In der Bhagavadgitā finde ich einen Trost, den ich selbst in der Bergpredigt vermisse. Wenn mir manchmal die Enttäuschung ins Antlitz starrt, wenn ich, verlassen, keinen Lichtstrahl erblicke, greife ich zur Bhagavadgitā. Dann finde ich hier und dort eine Strophe und beginne alsbald zu lächeln inmitten aller niederschmetternden Tragödien – und mein Leben ist voll von äußeren Tragödien gewesen. Wenn sie alle keine sichtbare, keine untilgbare Wunde auf mir hinterlassen haben, verdanke ich dies den Lehren der Bhagavadgitā.“[8]

[8] Gandhi, M. K.: Young India, 1925, S. 1078 f., zit. in: S. Radhakrishnan: Die Bahagavadgitā, Baden-Baden 1958, S. 13.

Das Prinzip der Nichtgewalt wird höchstens von dem der Wahrheit übertroffen. Stellenweise scheint das Prinzip der Nichtgewalt sogar das der Wahrheit zu übertreffen. Gandhis Theorie des satyāgraha, was ein Festhalten an der Wahrheit bedeutet, hat die Nichtgewalt als wesentliches Merkmal. Satya und ahimsā sind die beiden Seiten derselben Medaille. Ein Satyāgrahi ist zur Nichtgewalt verpflichtet.

Das Ausüben der Gewaltlosigkeit bedarf als Quelle der unerschütterlichen Überzeugung, daß Nichtgewalt, richtig verstanden, der Gewalt unendlich überlegen ist. Gandhis Pazifismus erwächst in erster Linie aus dem persönlichen Ethos und nicht aus einer Klugheit, Taktik, Pragmatik u. dgl.

Gandhi hat dennoch seine Hörer und Leser oft erstaunt durch die Anregung von Maßnahmen, die Gewalt zuließen, wie z. B. das Töten von Affen im Sabarmati Āshram, weil sie die Ernte gefährdeten.[9] Ein anderes Mal trat Gandhi für das Töten eines Kalbes ein, weil es unheilbar krank war.[10]

„Nichtgewalt", schreibt Gandhi, „ist mein erster Glaubensartikel. Sie ist auch der letzte Artikel meines Bekenntnisses."[11] Gandhi gesteht frei, daß er die Lehre von der Nichtgewalt nicht nur in der indischen Tradition, sondern auch bei Zarathustra, Mahāvira, Buddha, Mohammed, Christus, Nanak u. a. findet.

Vor seinem Reiseantritt nach England gibt Gandhi seiner Mutter das Versprechen, in England niemals Fleisch zu essen. Anfänglich bleibt er ein Vegetarier nicht so sehr aus Überzeugung, sondern wegen des Schwures. Später wird Gandhi ein Vegetarier aus freien Stücken, aus Überzeugung. Hierzu hat auch seine Lektüre der Bergpredigt beigetragen.

Die Gitā beschreibt den Menschenadel in dem höchsten Yogi, der voll von Mitleid und Mitfreude ist. Kein Mensch soll eine andere Kreatur hassen; denn in allen wohnt der eine Gott. Der Mensch soll allen Wesen gegenüber, einschließlich der Tierwelt, freundlich gesinnt sein. Der Mensch darf nicht vergessen, daß er nur ein Teil im großen Haushalt der Natur ist und nicht ohne weiteres Sonderrechte genießt. Es gehört zum Wesen des Dharma, mit allen Dingen in der großen Schöpfung im Einklang zu leben.

[9] Vgl. Young India, 13. Sept. 1928, S. 308.

[10] Vgl. All men are brothers. Life and Thoughts of Mahatma Gandhi as told in his own words, UNESCO, Melbourne University Press 1935, S. 41 ff.

[11] Young India, 23. March 1922, S. 166.

In der Regel versteht die Tradition unter ahimsā das Nichtschädigen. Gandhis Verständnis der Nichtgewalt ist jedoch viel positiver als das der Tradition. Ebenso ist es auch radikaler. Unter bestimmten Bedingungen empfiehlt Gandhi sogar das Töten, was im gegebenen Falle größeres Leiden verhindern soll. Gandhi sagt: „Das Leben-Nehmen kann eine Pflicht bedeuten. Wir zerstören so viel Leben, wie wir meinen, daß es für den Erhalt unseres Körpers nötig ist. Wir nehmen das Leben für die Ernährung ..., töten Moskitos für die Gesundheit und ähnlich töten wir mit Desinfektionsmitteln usw. Dabei meinen wir nicht, irreligiös zu sein. Zur Arterhaltung töten wir Raubtiere ... Sogar das Umbringen eines Menschen kann in bestimmten Fällen notwendig werden.“[12] In diesem Zusammenhang erwähnt Gandhi den Fall eines Amokläufers, dessen Tötung, bevor er mehr Schaden anrichtet, für die Gesellschaft Gutes bedeutet.

Gandhi meint, daß es ein instinktives Zurückschrecken vor dem Töten allen Lebens gibt, ganz gleich unter welchen Umständen. Gandhi erläutert seine Idee des Mitleids folgendermaßen: „Würde mein Kind an Tollwut leiden, und gäbe es kein Mittel, sein Leiden zu erleichtern, dann würde ich es als meine Pflicht betrachten, ihm das Leben zu nehmen. Fatalismus hat seine Grenzen ...“[13] Es wäre ein großes Mißverständnis, brächte man diese Gedanken Gandhis in die Nähe der Euthanasie. Nichtverletzen kann Verletzen bedeuten, wenn es Schmerz und Todeskampf verlängert. So hat die Nichtgewalt bei Gandhi eine sehr differenzierte Bedeutung. Das Töten oder Verletzen von Leben kann unter bestimmten Bedingungen ein Akt der Gewalt (himsā) sein. Diese sind gegeben durch Ärger, Hochmut, Haß, Selbstsucht, schlechte Intentionen u. dgl. Alle Verletzungen aus diesen Motiven heraus stellen Gewalt dar.

Nichtgewalt bedeutet eine positive Haltung allem Leben gegenüber. Diese Haltung gilt es zu kultivieren. Nach Gandhi läßt sich auf Gewalt nichts Gutes aufbauen. Nichtgewalt ist für die Menschen natürlich. Daß der Mensch dennoch zur Gewalt greift, liegt an vielerlei Verblendungen, die vom religiösen Fanatismus bis hin zu Ideologien reichen können.

Die Nichtgewalt ist eine Angelegenheit der Starken und nicht der Schwachen. Gewalt mag wie Stärke erscheinen, ist aber aus Angst geboren und trägt die Zeichen der Schwäche. Nur wer die Angst besiegt hat, vermag gewaltlos zu sein. Nichtgewalt beinhaltet Opfer-

[12] Gandhi, M. K.: Young India, 4. 11. 1926.
[13] Ebd., 18. 11. 1926.

bereitschaft und Leiden. Sie ist universal und kann von allen praktiziert werden.

Die oben kurz skizzierte Lehre Gandhis von der Nichtgewalt steht in Einklang mit der Tradition Indiens. Auch die Gītā lehrt, daß das Kriegführen zur Pflicht werden kann. Von der Gītā lernt Gandhi, daß es letzten Endes auf die Gesinnung, auf das Freisein von Gier, Haß, Angst u. dgl. ankommt. Wer diese inneren Feinde besiegt hat, ist der eigentliche Sieger und kann nur noch gewaltlos handeln.

Die Frage nach dem gerechten Krieg

Auf die Frage, ob Gewalt oder Nichtgewalt anzuwenden sei, gibt es in der hinduistischen Tradition keine eindeutige Antwort. Sie besteht nicht in einem ausschließenden Entweder-Oder, sondern in einem Sowohl-Als-auch. Die Möglichkeit eines gerechten Krieges wird in der indischen Tradition bejaht. Der Krieg, der im Epos Mahābhārata beschrieben wird, ist ein gerechter Krieg.

Auch der Glaube an den gerechten Krieg setzt wiederum andere Glaubensinhalte voraus. Dazu gehören: der Glaube an Gott, an die Gerechtigkeit, an einen allumfassenden göttlichen Plan. Ferner bedarf es besonderer Fähigkeiten. Dazu gehört das Kultivieren der Gesinnung, das Freiwerden von Gier, Haß, Angst, Bosheit, Zorn und anderen Formen der Verblendung.

Die Frage, ob die Gītā ein Plädoyer für die Gewalt oder die Nichtgewalt sei, könnte man mit Ja und Nein beantworten. Erst die Analyse der Handlungen, die zu Gewalt oder Nichtgewalt führen, eröffnet uns das ganze Spektrum von der Religion über die Pflichtenlehre bis hin zur Metaphysik in der indischen Tradition. Die Gītā enthält neben der Theologie auch eine Philosophie des Handelns. Die zentrale These der von dem Gedanken an Erfolg oder Mißerfolg losgelösten Handlung kann jedoch auch dann vertreten werden, wenn die metaphysischen und theologischen Begründungen entfallen.

Der Satz „Alles Lebendige lebt vom Lebendigen" ist kein Freibrief für Gewalt. Ebenso ist der Satz „Nichtgewalt ist die höchste Religion und unser aller Pflicht" keine Entschuldigung für die Feigheit, für das Erdulden des Unrechts und für das Verlängern von Leid. Wenn es Kriege gibt, die gerecht sind und daher geführt werden müssen, dann stellt sich die Frage, ob diese gerechten Kriege vielleicht auch gerechte Maßnahmen gegen ungerechte Kriege darstellen, die im eigentlichen Sinne Gewalt bedeuten. Daß es zu ungerechten Kriegen kommt, ist selbst ein Ergebnis der Verblendungen durch Haß, Gier, Selbstsucht, Angst, Neid u. dgl. Alle diese Untugenden sind Formen der Gewalt. Daher ist der Sieg über sich selbst wichtiger als der über andere. Denn derjenige, der das Böse in sich selbst besiegt hat, vermag auch nichts Böses mehr zu verursachen.

9. Kapitel

DIE IDEALTYPISCHE VIERERTEILUNG IM HINDUISMUS

> The student, the householder, the hermit, and the ascetic, these (constitute) four seperate orders, ...
> (Der Student, der Hausvater, der Einsiedler und der Asket, diese vier bilden verschiedene Zustände, ...)
>
> Manusmriti

Das integrale Prinzip

Der Hinduismus kennt in manchen seiner sozial-politischen und ethisch-moralischen Anwendungformen eine idealtypische Viererteilung, die sich erstens auf die Gesellschaft als ganze, zweitens auf die Lebensstadien und drittens auf die Lebensziele bezieht.

Zunächst ist von den vier varnas (Klassen, Kasten, Gruppen) die Rede: 1. die Lehrer, Priester, die Gelehrten (Brahmins), 2. die Soldaten, Herrscher, Beschützer (Kshatriyas), 3. die Händler, Geschäftsleute (Vaishyas) und 4. die Arbeiter (Shudras).

Ferner gibt es die bekannten vier Lebensstadien: 1. die Lehrjahre (brahmacarya), 2. die Zeit des Hausvaterseins (gārhastha), 3. die Zeit der Waldeinsiedelei (vānaprastha) und 4. das Stadium des Wandermönches (sanyāsa).

Die bekannten vier Lebensziele sind: 1. dharma als ethisch-moralisches Ziel, 2. artha als das weltliche Gut, 3. kāma als die Sinnesfreude und 4. moksha als die Befreiung.

Die vier Lebensziele

Üblicherweise wird das Sanskritwort dharma mit Religion übersetzt. Diese Übersetzung gibt nicht den Inhalt dieses Begriffs wieder. Dharma kann auch ohne die Gnade Gottes praktiziert werden. Dharma bezeichnet nicht nur ein Verhältnis des Menschen zu einem Transzendenten, sondern steht auch für das Verhältnis der Individuen untereinander und in der Gesellschaft. So kann dharma sich in mehreren Glaubensformen, auf verschiedenen Wegen und in unterschiedlichen religiösen Gemeinschaften manifestieren. Was aber alle diese möglichen Manifestationen miteinander verbindet, ist folgendes: Dharma zielt erstens auf die Realisation der einen religiösen Wahrheit mit vielen Namen. Und zweitens bewirkt dharma, daß es keine Konflikte unter den verschiedenen Glaubensformen gibt. Mit anderen Worten: Die verschiedenen Religionen sind verschiedene Wege zu dem einen Ziel. Hierin wurzelt die Überzeugung des Hinduismus, daß das eine Wahre von den Weisen verschieden benannt wird. Dharma bezeichnet das, was alles trägt und zusammenhält, die Lehre von den Pflichten und Rechten des einzelnen in einer idealen Gesellschaft.

Das Ideal des moksha stellt die höchste Stufe aller Lebensziele dar, denn alles dient diesem Zweck der Gottesrealisation. Um dieses Ziel zu erreichen, empfiehlt der Hinduismus den Pfad der Tugenden, der Rechtschaffenheit. Gottes Nähe ist den Rechtschaffenen verheißen. Die materiellen Güter (artha) dienen dem Individuum, der Familie und der Gesellschaft. Darüber hinaus sollen sie dazu verwendet werden, tugendhafte Handlungen zu vollbringen. Die Wünsche nach Sinnesfreude und Familiengründung (kāma) bereiten den Keim für die Gesellschaft. Das Beachten des dharma ist von zentraler Bedeutung.

Die Befreiung ist das Ziel, und die Rechtschaffenheit ist dazu da, unsere Wünsche und unseren Reichtum in der Weise zu leiten, daß das Ziel erreicht werden kann. Schon in den Veden ist von dem kosmischen Prinzip (rita) die Rede, d. h. von einer Ordnung, die kosmischer und auch moralischer Art ist. Diese Konzeption der kosmischen Harmonie mag später durch dharma ersetzt worden sein. Im Mahābhārata wird dharma als das beschrieben, was Ordnung schafft und sie erhält.

Dharma als die harmonisch bindende Kraft wirkt auf allen Ebenen, auf der individuellen, sozialen, kulturellen, religiösen und spirituellen. Im Hinduismus wird auch von mānavadharma, d. h. vom dharma des Menschen schlechthin gesprochen. Diese menschheitliche Rechtschaffenheit besteht in dem Kultivieren der Tugenden wie Zufriedenheit, Vergebung, Selbstbeherrschung, Reinheit, Wahrhaftigkeit und in dem Vermeiden der vielen Verblendungen wie Gier, Angst, Furcht u. dgl. Durch das Kultivieren solcher Tugenden kann der Mensch nach hinduistischer Lehre göttliche Eigenschaften, ja sogar Gottähnlichkeit erlangen. Diese Tugenden helfen nicht nur dem Individuum, sein letztes Ziel zu erreichen, sondern sie sind auch für die Gesellschaft von unschätzbarem Wert.

Die Rechtschaffenheit, von der hier die Rede ist, moralisiert die Werte von artha und kāma und veredelt so den Charakter der Menschen in der Gesellschaft. Nach der hinduistischen Lehre besteht dharma auch im Studium der heiligen Schriften.

Artha steht für alle weltlichen Güter, deren Besitz zwar von kurzer Dauer ist, aber für das Leben und für die Gesellschaft notwendig ist. Hierzu gehören auch Reichtümer, weltlicher Erfolg, Vorteile, Geld u. dgl. In der völligen Abwesenheit von artha kann der Mensch schwerlich dem dharma folgen. Armut ist die Quelle vieler Übel, und Gandhi ging sogar so weit zu sagen, daß Armut die schlimmste Form der Gewalt sei.

Dem Reichen obliegt es, den Armen und Bedürftigen zu helfen. Diese Hilfe ist gottgefällig, sie vermehrt die Verdienste der Menschen hier auf Erden und sorgt für eine bessere Belohnung nach dem Tod. Hier wird der karitative Charakter des Hinduismus deutlich.

Das Lebensziel kāma steht für all die Wünsche nach Genuß und Befriedigung durch die Sinne. Dieses Ziel zieht das drang- und instinkthafte Leben des Menschen in Betracht. Darüber hinaus können zu kāma auch die geistigen Genüsse gehören, die der Mensch durch das Betrachten schöner Dinge erlebt. Der Hinduismus legt jedoch darauf Wert, daß der sinnliche und weltliche Genuß sich nicht verselbständigen darf, denn dann kann er nicht in dem integralen Plan der vier Lebensziele seine Funktion erfüllen. Der Hinduismus ist eine Religion, die den Menschen nicht spaltet in ein geistiges und sinnliches Wesen. Seine Körperlichkeit ist in den religiösen Plan eingebettet.

Das höchste Ideal, moksha, ist kein Mittel zu einem weiteren Zweck, sondern das höchste Ziel an sich. Es gibt für die Menschen nichts, was sie über dieses Ziel hinaus noch wünschen könnten. Hat der Mensch dieses Ziel erreicht, so verliert er alle seine Sehnsüchte und Wünsche, und er fühlt sich in dem Zustand der Gottesnähe geborgen. Wir erwähnten die Frage, die in einem Upanishad gestellt wird, nach dem Wissen dessen, das alles wissen läßt. Das Ideal moksha ist eigentlich dieses Wissen.

Es gibt zwei Ansichten über moksha. In dem reinen Monismus geht das individuelle Selbst in dem Brahman auf, und dies ein für allemal. Die Uridentität, die es immer gegeben hat, wird wieder erreicht, oder besser: das Ātman erkennt seine Identität mit Brahman, nachdem es die Māyā-Verblendungen abgelegt hat. Es geschieht so, wie der Mond nicht entdeckt zu werden braucht, wenn er nicht zu sehen ist, weil er von den Wolken verdeckt wird. Die Theologie des Advaita-Vedānta vertritt diese Ansicht.

In dem eingeschränkten Monismus von Rāmānuja geht die menschliche Seele in Gott nicht ganz auf. Sie erreicht die göttliche Nähe und wohnt mit und in Gott, solange die Karmas, d. h. die verdienstvollen Taten, dies erlauben. Auch hier ist die Seele ewig, sie ist jedoch nicht identisch mit Gott. Die Bhakti-Lehre wird von der Lehre Rāmānujas unterstützt.

Die vier Lebensstadien

Das Wort āshrama bedeutet eine Stufe des Lebens, ein Stadium des Lebens. Ansonsten bezeichnet das Wort einen Ort, ein Zentrum für religiöse und meditative Übungen. Der Ort ist vergleichbar mit einer Einsiedelei oder einem Kloster. Das Wort bezeichnet auch einen Ort, an dem man haltmacht. Das Leben wird ja auch mit einer Reise verglichen. Und wer reist, hält zuweilen an. Auf dem Wege der Lebensreise kennt der Hinduismus vier Haltestationen, an denen der Reisende sich ausruht, um sich dann mit erneuter Kraft wieder auf den Weg zu begeben.

Im ersten Stadium sind wir alle Novizen und sollen in die heiligen Schriften eingewiesen werden. Die Schüler werden über die Pflichten und die Moral belehrt. Sie lernen dharma und andere Tugenden kennen. Nach dem Studium der heiligen Schriften und in der Kenntnis der Tugenden tritt der Mensch ins zweite Stadium des Hausvaters. Der Mensch gründet eine Familie und praktiziert sein dharma hinsichtlich der sinnlichen Genüsse und der weltlichen Reichtümer. Seinem Ziele folgend begibt sich der Mensch danach in die Einsiedelei. Dies ist ein Rückzug aus der Welt und eine Vorbereitung auf das meditative Stadium. Schließlich erreicht der Mensch als Wandermönch das Ziel der Befreiung.

Diese vier Stadien werden mit einer Leiter verglichen, die uns höher zum Göttlichen führt. Hierbei handelt es sich um eine vertikale Einteilung des Lebensweges. Die verschiedenen Stadien haben jeweils ihre eigenen Rechte und Pflichten, Gebote und Verbote. Es ist die Pflicht des Schülers, sich körperlich und geistig zu trainieren, Selbstbeherrschung zu erlernen und zu üben und sich vor allem die Lehre von der Nichtgewalt zu eigen zu machen. Dies ist eigentlich die Vorbereitungsstufe für das ganze Leben.

In dem Stadium des Hausvaters hat der Mensch doppelte Pflichten: einmal der eigenen Familie gegenüber, das andere Mal der Gesellschaft gegenüber. Die Freigebigkeit und die Hilfsbereitschaft sind dabei die wichtigsten Tugenden. Das Gewähren von Almosen hat ohne jede Erwartung zu geschehen, was gewiß sehr schwer zu erreichen ist. Der Mensch soll all diese Gaben als Opfergaben begreifen. Alles dient dem Zweck, Tugenden anzuhäufen (dharmasangraha). Dies gilt im weitesten Sinne für das Wohlergehen der Gesellschaft (lokasangraha). Das Stadium des Hausvaters ist die Grundlage für die anderen Stadien bzw. Lebensziele.

Der Schritt vom Hausvater in das Stadium des Einsiedlers ist nicht als Verzicht in negativer Weise zu begreifen, sondern dient vielmehr der weiteren geistigen Entwicklung. Dies ist ein Rückzug aus dem aktiven Leben, um ohne Groll das Sterben zu erlernen. Das letzte Stadium des Mönchseins besteht in der völligen Entsagung. Dabei übt sich der Mensch im Verzicht auf alle Dinge, meditiert über den Tod und praktiziert die eigene Todeszeremonie. Die Gesetze des Kastenwesens gelten dann nicht mehr. Der Mensch lebt in diesem Stadium von Almosen. Die einzige soziale Bindung, die er noch kennt, ist das Eintreten für das Wohl der Menschheit. Die spirituelle Vereinigung mit dem Göttlichen ist sein Ziel.

Die vier Stände

Im Hinduismus ist die Gesellschaft in vier Gruppen eingeteilt. Dies dient dem Zweck der Harmonisierung der verschiedenen Funktionen, die die Menschen vollziehen müssen. Der vedischen Ansicht entsprechend wird die Gesellschaft als Organismus betrachtet. Die gesellschaftlichen Gruppen entsprechen den verschiedenen Organen, die wiederum für die Vielheit der Funktionen verantwortlich und notwendig sind.

Ursprünglich wurde die Einteilung der Gesellschaft varnāshram genannt. Unglücklicherweise wurde dies später religiös-mythologisch untermauert und artete in das Kastenwesen aus. In der alten Form war das Berufsprinzip die Grundlage der Einteilung. Diese Einteilung gilt universell. Auch bei Platon gab es eine ähnliche Einteilung. Er schreibt: „Ihr seid nun also freilich … alle, die ihr in der Stadt seid, Brüder; der bildende Gott aber hat denen von euch, welche geschickt sind zu herrschen, Gold bei ihrer Geburt beigelegt, weshalb sie denn die köstlichsten sind, den Gehilfen aber Silber, Eisen hingegen und Erz den Ackerbauern und übrigen Arbeitern."[1]

Das Dharma manifestiert sich nach der hinduistischen Überzeugung in allen Bereichen des menschlichen Lebens. Dies hat zur Folge, daß kein Individuum allein für die organische Entwicklung und Harmonie in der Gesellschaft sorgen kann. Jedes Individuum kann nur seinen Fähigkeiten entsprechend einen Teil der Aufgabe übernehmen. Dies begründet die Notwendigkeit einer bestimmten funktionalen Einteilung der Gesellschaft. Der Theorie des Funktionalismus kommt daher ein Primat zu.

Der ersten Gruppe oder Kaste gehören die Priester, Weisen, Philosophen, Gelehrten an. Die Politiker, die Soldaten, Feldherren und die weltlichen Machthaber bilden die zweite Gruppe. Die Gruppe der Händler, Bauern und Versorger bilden die dritte Kaste. Die Shudras sind die manuellen Arbeiter. Der Einteilung liegt die Einsicht zugrunde, daß nicht jeder alles machen kann. Ferner kann nicht jeder dasselbe tun. Unter dem Gesichtspunkt der Gleichrangigkeit der Funktionen in der Gesellschaft entfällt der Konkurrenzgedanke. Freilich wurde der ersten Kaste der Vorrang eingeräumt. Diese Kaste soll sich durch Weisheit und Entsagung auszeichnen. Aus der ursprünglichen Differenzierung ist leider in der indischen Gesellschaft eine Diskriminierung geworden im Sinne eines hierarchischen Systems.[2]

In dem Manusmriti wird für die Einteilung in Kasten eine psychologische Begründung gegeben. Die Menschen sind sowohl von ihrer Anlage als auch von ihrem Temperament her verschieden. Es gibt Menschen mit größerer Neigung zum Studium, zur Erkenntnisgewinnung. Demgegenüber gibt es Menschen mit einer Neigung zum Herrschen. Daneben gibt es Menschen, die eher einen ausgeprägten Geschäftssinn besitzen. Schließlich gibt es Menschen, die zur manuellen Arbeit neigen und dazu auch taugen. Diesen individuellen Tendenzen entsprechend meint der Hinduismus, den Menschen die Möglichkeit einer ausgewogenen Versorgung zu verschaffen. Zugegeben, daß es Ungleichheiten überall gibt. Aber das Kastenwesen in seiner Pervertierung rationalisiert diese Ungleichheit und wird zu einer schändlichen Ideologie der Hindugesellschaft. Gandhis Protest richtete sich gegen diese Schande.

[1] Platon: Politeia (415 a), in der Übersetzung von F. Schleiermacher.

[2] Vgl. Mall, R. A.: Studie zur indischen Philosophie und Soziologie, Meisenheim a. Glan 1974, 3. Teil.

Für die ursprüngliche Einteilung der Hindugesellschaft gibt es auch eine mythische Erklärung. Die Gesellschaft gleicht einem Organismus. So wie der menschliche Körper verschiedene Teile aufweist, besitzt auch die Gesellschaft verschiedene Teile. Dem Kopf des gesellschaftlichen Organismus entspricht die erste Kaste. Die zweite Kaste repräsentiert den Mut und entspricht den Organen der Arme und der Brust. Die dritte Kaste entspricht dann dem Bauch. Schließlich ist die vierte Kaste mit den Beinen zu vergleichen. Daß man mit den Beinen nicht denken und mit dem Kopf nicht gehen kann, ist einleuchtend. Das Wesentliche daran ist das harmonische Miteinander der Teile. Der Hinduismus verleugnet seinen Geist, wenn er der vierten Kaste das Studium der Veden verbietet und wenn aus der Differenzierung eine Diskriminierung wird.

Dayānanda Saraswati, ein Reformator und Begründer der Ārya Samāj (Gesellschaft der Arier), erlaubte auch den Shudras das Studium der heiligen Schriften. Dies begründete er mit den Veden. Nach dem Mahābhārata gab es anfangs nur eine Kaste, nämlich die Kaste der Brahmanen. Die Ausübung der verschiedenen Berufe sedimentierte allmählich die Unterschiede. Schließlich wurde die Geburt zur Determinante der Kastenzugehörigkeit. Dies macht deutlich, daß das Kastenwesen ein Unwesen ist, das nicht zum Wesen des Hinduismus gehört. Sollte das Kastenunwesen das Merkmal des Hinduismus sein, dann wünschte sich Gandhi, der sich stets als einen gläubigen Hindu bezeichnete, den Untergang des Hinduismus. Schon im Mittelalter haben die indischen Mystiker das Kastenunwesen beklagt.

Die Viererteilung der Hindugesellschaft beschreibt eine ideale Struktur der Gesellschaft mit dem Endziel der Erlösung. Um dieses Ideal zu erreichen, bietet die Hindu-Gesellschaft ihr sozial-politisches und ethisch-moralisches Modell an. Freilich ist dieses Modell holistischer Natur. Leider haben sich die Teile dieses Modells zu sehr verselbständigt und damit das Ziel verraten.

10. Kapitel

DER NEOHINDUISMUS

Indien ist das einzige Land, in dem wir Tempel, Kirchen und Moscheen in friedlichem Nebeneinander finden. Ich selbst habe in Hindutempeln, jüdischen Synagogen, buddhistischen Klöstern, christlichen Kirchen und in Moscheen gesprochen, ohne mein intellektuelles Gewissen zu gefährden, ohne meine geistigen Überzeugungen zu vergewaltigen. Der Geist des allumfassenden Verständnisses gehört zur religiösen Tradition Indiens.

Radhakrishnan

Die undogmatische Gestalt des Hinduismus

Durch das Fehlen einer dem Papst vergleichbaren Autorität und einer der Kirche vergleichbaren zentral organisierten Instanz hat sich der Hinduismus nie dogmatisch festlegen können. Der Hinduismus kennt keine Folge von Konzilien, die allgmeinverbindlich hätten die zentralen Lehren formulieren können. So blieb der Hinduismus eine religiöse Anschauung mit vielen Gesichtern.

In der Begegnung mit Europa, insbesondere mit dem Christentum, gab es im 19. Jh. einige sozial-politische und religiöse Erneuerer unter den Hindus. Zu erwähnen sind hier die drei Namen: Ram Mohan Roy, Dayānanda Saraswati und Ramakrishna Paramhans.

In der fast fünftausendjährigen Geschichte des Hinduismus, von seinen ārischen Anfängen bis hin zu den modernen Elementen in der Begegnung mit dem Islam und mit Europa, hat die Hindu-Religion sich ständig erweitert. Die Quelle dieser Erweiterung ist selbst urindisch und in dem bekannten Satz des Rigveda enthalten: „Es ist das eine Wahre, die Weisen benennen es verschieden.“ Der Hinduismus hat den dogmatisch nicht fixierten Gehalt und Inhalt dieser Aussage zu einem wesentlichen Merkmal der ewigen Religion (sanātana dharma) werden lassen. In seinen fast unübersehbaren Spielarten durch die Jahrtausende hindurch bleibt der Hinduismus jedoch nur eine bestimmte Ausdrucksweise der ewigen Religion. Die ewige Religion ist niemandes Besitz allein. Sie bedarf zwar der positiven Religionen und ihrer Sprache, Zeremonien u. dgl., geht jedoch in keiner restlos auf. Sie ist wie ein Schatten, der alle positiven Religionen begleitet und diese daran hindert, sich in den absoluten Stand zu setzen. Wie die vielen Flüsse in den Ozean fließen, stellen die einzelnen Religionen die verschiedenen Pfade dar zum gleichen Ziel der Erleuchtung, Befreiung und Erlösung.

Brahmo Samāj

Der Multilinguist Ram Mohan Roy gründete die Bewegung Brahmo Samāj, d. h. die Gesellschaft der Hindus, die sich als soziale und religiöse Reformbewegung verstand. Er faßte den Hinduismus als eine monotheistische Religion auf und wollte ihn von unnötigem Ballast befreien. In seinem in persischer Sprache geschriebenen Buch Tuhfat-ul-Muwahhidin (Ein Geschenk an Gott) zeigte er sich als Freidenker hinsichtlich der Religion und der Gesellschaft. Uns interessieren hier weniger seine sozial-politischen Debatten und Meinungsverschiedenheiten mit den Vertretern der damaligen Herrschaft, mehr seine Leistungen als religiöser Erneuerer. Sein enzyklopädischer Geist propagierte eine unitarische Ansicht, die in den fundamentalen Lehren aller Religionen das Verbindende entdeckt. Seine religiöse Erneuerung des Hinduismus ging von der Einheit Gottes aus. Eine solche Einheit fand er auch in den Veden.

Zwischen 1815 und 1819 veröffentlichte Roy die Übersetzungen der wichtigsten vedischen und upanishadischen Texte. Er war es auch, der nebenbei für eine grundlegende soziale Reform sorgte, wie z. B. seine Agitation gegen die Unsitte der Witwenverbrennung. Er plädierte für deren sofortige Abschaffung. Diese reformatorischen und stellenweise revolutionären Gedanken fanden ein breites Echo nicht nur innerhalb, sondern auch außerhalb Indiens.

Roy führte zum Teil sehr hartnäckige und interessante Debatten mit Vertretern anderer Religionen. Im Jahre 1823/24 wurde sein Buch ›Precepts of Jesus‹ (Prinzipien Jesu) in London und 1828 in Amerika publiziert. Den baptistischen Missionar William Adam überzeugte er so, daß dieser sich zu seiner Einheitslehre bekannte. Dieses Ereignis wurde zum Anlaß der bekannten Kontroverse mit den englischen Missionaren. Sie betrachteten die Bekehrung der Nicht-Christen zum Christentum als das Selbstverständlichste der Welt und wunderten sich maßlos, wenn eine Bekehrung in umgekehrter Richtung geschah. Diese Naivität griff Roy ständig an.

Roy war bestrebt, den Hinduismus auf seine Quellen zurückzuführen. Er sieht das Wesen des Hinduismus im folgenden: Es gibt einen Gott. Er ist der Schöpfer und Erhalter seiner Schöpfung. Er ist ewig, unwandelbar und unendlich. Jede Religion enthält viele unwesentliche Merkmale. Sie mögen nicht immer falsch sein, sie dürfen jedoch nicht in der Praxis das Wesen der Religion bestimmen. Der Hinduismus bildet in dieser Hinsicht keine Ausnahme; denn auch er hat viele unwesentliche Merkmale.

Das Eine des Hinduismus ist aber jenseits aller Gestalten, und es kann sich in menschlichen Gestalten voll inkarnieren. Roy war strikt gegen die Bilderverehrung, hielt nichts von Pilgerfahrten, Opferriten und vielen anderen Zeremonien. Es gilt nur, das Eine zu verehren und die Tugenden „Nächstenliebe", „Wohlwollen", „Achtung" und „Harmonie" zu kultivieren, um so das gemeinsame Band zwischen Menschen verschiedener Rassen und Religionen zu stärken. Für Roy war Indien in diesem Sinne ein multireligiöses Land.

Ārya Samāj

Neben dem Brahmo Samāj von Roy stellt die Gesellschaft der Ārier (Ārya Samāj), gegründet von Dayānanda Saraswati im Jahre 1875, eine ebenso wichtige Reformbewegung sozialer und religiöser Art dar. „Zurück zu den Veden!", war sein Motto. Für ihn enthalten die Veden die ewige Botschaft. Er erkennt zwar den Wahrheitskern in jeder Glaubensform an. Nicht die Propheten säen den Samen der Zwietracht; es sind die Verfechter der Lehren der Propheten. Im Jahre 1877 faßte er den Entschluß, eine Konferenz aller Religionen in Delhi einzuberufen. Er hatte schon viele Einladungen verschickt. Sein Ziel war, daß man in einem solchen Parlament der Religionen der wahren Idee der Religion huldigt. Die wahre Religion ist eine Kraft, die nicht trennt, sondern verbindet. Und das, was verbindet, ist wahrer als das, was trennt.

Dayānanda sah die Veden als die Urquelle aller religiösen Wahrheit an. Immer, wo es Wahrheit gibt, gehört sie den Veden. Freilich ist eine solche exklusive Auslegung der Wahrheit Mißverständnissen und Kritiken ausgesetzt, und das nicht immer zu Unrecht. Wir gehen hier von der tiefen Überzeugung aus, daß das Eine niemandes Besitz allein ist, auch nicht des Hinduismus. Die verschiedenen Namen des Einen haben ihre je eigene Berechtigung. Sobald jedoch irgendein Name sich verabsolutiert, pervertiert er das eine Göttliche.

Es sind zwei Kardinalprinzipien, die zu den unverzichtbaren Glaubensartikeln der Ārya Samāj gehören: der Glaube an Gott und das Vertrauen auf die Veden. Einige der wichtigsten Prinzipien sind: Es gibt einen Gott, der unendlich, gestaltlos, gerecht, barmherzig, ungeboren, unwandelbar, anfangslos, einmalig, allwissend, allgegenwärtig, heilig und der Schöpfer aller Dinge ist. Die Veden sind die heiligen Bücher der wahren Erkenntnis. Die erste Pflicht der Mitglieder der Gesellschaft besteht darin, daß sie der ganzen Welt Gutes tun. Liebe und Gerechtigkeit sollen die Kriterien sein, die unser Verhalten zu anderen Menschen regeln sollen. Man soll sein eigenes Wohl in dem Wohl aller sehen. Die Organisation dieser Gesellschaft war demokratisch angelegt. Zwischen dem Gottesdiener und Gott gibt es keinen Vermittler. Die Inspirationen, die Dayānanda den Weg weisen, resultieren aus seiner persönlichen Kommunion mit Gott. Die Gesellschaft der Ārier ist strikt gegen die Bilderverehrung, ebenso gegen das Kastenwesen.

Ramakrishna und seine spirituelle Theologie

Eine andere große Erneuerung, die der Hinduismus erfuhr, ist mit dem Namen des in Bengalen geborenen indischen Mystikers Ramakrishna verbunden. Ramakrishna predigte, was er selbst erlebt hatte. Über zwölf Jahre unterzog er sich spirituellen Übungen. Er bezeugte immer wieder aus eigener Erfahrung, daß alle Religionen in der Lage sind, die Menschen zu Gott zu führen. Er war ein Monotheist und ein Erneuerer der Vedānta-Lehre. Jeder, der willens ist, kann Gott realisieren. Für ihn hat Gott viele Namen und kennt unendliche Formen. Mit welchem Namen wir auch Gott anrufen, er erhört unseren Ruf.

Für Ramakrishna geht es um ein und denselben Gott, der in verschiedenen Religionen verehrt wird. Auf die Frage, warum es dann Kriege und Konflikte zwischen den Religionen gibt, antwortete er, daß die Menschen den Kern der Religion mit deren Schale verwechseln. So verglich er die verschiedenen Wege zu Gott mit verschiedenen Treppen, die zum Wasser führen, in dem die Gläubigen baden wollen. So wie verschiedene Ornamente aus Gold hergestellt werden, so wird in den verschiedenen Ländern zu verschiedenen Zeiten und unter verschiedenen Namen derselbe Gott verehrt und gerufen.

Auch unsere Ansichten von und unsere Verhältnisse zu Gott sind verschieden geartet. Manche lieben und verehren ihn wie einen

Vater, andere wiederum wie eine Mutter. Wiederum andere sehen in ihm einen Freund, gar einen Geliebten. Manche lieben Gott als Gottkind. Alle diese so verschiedenen Weisen ändern jedoch nichts daran, daß wir denselben Gott meinen.

Auf die Frage, ob Gott eine Gestalt oder ob er gestaltlos sei, antwortete Ramakrishna, Gott sei beides. So wie das Wasser in dieser oder jener Gestalt existiert, existiert auch Gott in verschiedenen Gestalten. Auch die Gotteshäuser werden unterschiedlich benannt: Kirche, Tempel, Moschee u. dgl. So wie das Feuer, das an sich keine Form hat, verschiedene Formen annehmen kann, so verhält es sich auch mit Gott. Im Grunde genommen ist die Rede von der Form oder Formlosigkeit Gottes nicht dem Göttlichen angemessen; denn es transzendiert beides und befindet sich jenseits aller Sprache und Begrifflichkeit. Man kann Gott realisieren, aber man kann die Erfahrung nicht angemessen buchstabieren. So wie ein Mensch, wenn er zum ersten Mal den Ozean sieht, nur noch sagt: „Wasser, Wasser und nochmal Wasser“, so beschreibt jemand seine Realisation des Brahman, indem er sagt: „Es ist Brahman hier, dort und überall.“ Die unendliche Tiefe des Göttlichen kann die menschliche Seele nicht ermessen. Ihr geht es bei einem solchen Unternehmen genauso, wie es der Salzpuppe geht, die die Tiefe des Ozeans erkunden will. Nicht Gott geht in uns auf, sondern wir in ihm. Er ist in uns, aber auch außer uns.

Die endliche menschliche Seele dünkt sich unter mancherlei Verblendungen frei und unabhängig. Ihr Status ist jedoch vergleichbar mit dem der Wasserblasen, die entstehen, eine Zeitlang auf der Oberfläche bleiben und schließlich platzen. Es ist wahr, daß Gott in jedem von uns wohnt, aber dennoch sind wir nicht alle auf Gott ausgerichtet. Es gibt andere Dinge in seiner Schöpfung, die uns mehr anlocken als er selbst. Die Beziehung Gottes mit den Menschen ist der des Eisens und Magneten vergleichbar. Steckt das Eisenstück im Schmutz, dann kann es nicht von dem Magneten angezogen werden. Genauso verhält es sich mit den Menschen. Sind die Menschen den māyā-Verblendungen erlegen, so fühlen sie keinen inneren Drang nach Gott.

In bezug auf die Gnade Gottes vertritt Ramakrishna die Ansicht, daß gute Taten und Gottesliebe zwar erforderlich sind und Verdienste darstellen, aber daß es letzten Endes von Gott allein abhängt, ob er uns gnädig ist oder nicht. Ein Mensch, der Gott realisiert hat, ist so begnadet, daß kein Übel ihm etwas anhaben kann. Er tut nur das Gottgefällige. So wie die Milch, mit Wasser versetzt, ihre wahre

Natur zeigt, sobald daraus Butter gemacht wird, so sind auch diese von Gott begnadete Menschen, die von den Unvollkommenheiten unberührt bleiben.

Ein wahrhaft Glaubender erkennt das Wahre in verschiedenen Religionen an, hält jedoch an der eigenen fest und widersetzt sich jeder dogmatischen Ansicht. Der vermeintlich Glaubende dagegen verhält sich wie der sprichwörtliche Brunnenfrosch. Wer im Sinne Ramakrishnas das Wesen der Religion erfaßt hat, befindet sich jenseits des Streits unter den Religionen. Eine solche Einsicht führt zur schweigsamen Meditation, in der der Mensch sich von bloßen Diskussionen fernhält. Eine Wahrheit, die Harmonie nicht fördert, verdient diesen Namen nicht. Ein wahrer Gottesdiener redet wenig und praktiziert seine Frieden stiftende Religion in aller Stille und Demut.

Ramakrishna betont auch die wichtige Rolle der Entsagung den weltlichen Dingen gegenüber. Das, was uns von Gott fernhält, soll gemieden werden. Wir sind zwar *in* dieser Welt, aber nicht *von* dieser Welt. Dies heißt jedoch nicht, daß die Welt bloß eine Illusion und nicht ernst zu nehmen wäre. Die Welt wird nicht zu einer Illusion für denjenigen, der das Absolute realisiert hat. Nur sieht sie danach anders aus.

Ramakrishna berichtete aus eigener Erfahrung, daß die drei Yoga-Wege eher komplementär als konträr sind. Er selbst hatte alle diese Wege praktiziert. Im Geiste seiner tiefen Überzeugung, daß die absolute und spirituelle Wahrheit keine Religion ausschließlich privilegiert, machte er sich auf, dies aus eigener Erfahrung kennenzulernen. Am Ende des Jahres 1866 beobachtete er einen Muslim, der Allah ergeben war. Ramakrishna war tief beeindruckt und ließ sich von ihm in den Islam einführen. Nach dieser Initiation verhielt er sich ganz wie ein orthodoxer Muslim. Alle seine Hinduriten gab er auf und begab sich auf die Suche nach Allah. Er hatte eine Vision von dem Propheten und realisierte das gestaltlose eine Wahre.

Acht Jahre später, im Jahre 1874, wurde er von dem einen Wunsch erfüllt, den christlichen Weg kennenzulernen. Er wohnte den Bibellesungen bei und sah die göttliche Madonna mit Christus in ihren Armen. Er wurde zu einem Anhänger Christi. Erfüllt von der christlichen Lehre der Liebe erlebt er Christus in all seiner göttlichen Herrlichkeit. Diese und ähnliche religiöse Erfahrungen Ramakrishnas bezeugen, daß das eine Göttliche mehrere Namen hat, in vielen Häusern wohnt und jedem zugänglich ist.

Durch die Kraft seiner vielfältigen, authentisch spirituellen Erfahrungen erneuerte Ramakrishna den Hinduismus in dem Geiste der

Versöhnung. Diese Erneuerung auf heimischem Boden gibt vielen anderen Indern die Kraft, mit Stolz ein Hindu sein zu können. Durch die lange Herrschaft des Islams und des Christentums zweifelten viele Inder daran, daß der Hinduismus die Kraft zur Erneuerung hat.

Es ist ein Mißverständnis, wenn man meint, daß die spirituellen Erfahrungen Ramakrishnas eine neue Religion aus den alten Religionen machten. Es geht ihm nicht um eine eklektische Religion. Denn eine solche wäre ein Kunstgebilde ohne den eigentlichen Nährboden. Ramakrishna sah keinen Widerspruch darin, viele Religionen gleichzeitig zu praktizieren. Diese Haltung zeigt, daß der Mensch des Weltethos' fähig ist.[1] Worauf er Wert legte, war die tiefe Überzeugung von der Vielheit der Wege zum Göttlichen. Es geht um eine Harmonie unter den Religionen, die nur gestiftet werden kann, wenn man von der exklusivistischen Überzeugung absieht, seine eigene Religion in den absoluten Stand zu versetzen. Ebensowenig soll die inklusivistische Haltung gelten.

Vielfach hat man Ramakrishna einen alles einverleibenden Inklusivismus vorgeworfen. Dieser Vorwurf bestünde aber nur dann zu Recht, wenn man nachweisen könnte, daß Ramakrishna irgendeine Gestalt einer positiven Religion verabsolutierte. Auch der Hinduismus als eine positive Religion ist nur eine unter den vielen in der Demokratie der Religionen. In diesem Geiste haben leider nicht alle Neohinduisten ihre Religion begriffen. Für Tagore jedoch sind z. B. die verschiedenen Religionen verschiedene Lichter, deren die verschiedenen Menschen bedürfen, was Gandhi immer wieder beteuert, daß er darin keinen Widerspruch sehe, wenn er sich als einen Anhänger von Rama, Krishna, Mohammed und Christus bezeichnet. So bleibt nur zu sagen, daß der Pluralismus der Religionen und Glaubensformen gottgewollt ist. Die Absolutheitsansprüche sind dagegen nur Menschenwerk.

[1] Vgl. Küng, H.: Projekt Weltethos, München 1990.

11. Kapitel

DER ABSOLUTHEITSANSPRUCH ODER WIDER DEN GEIST DER ÖKUMENE[1]

> Aber auch vom religiösen Standpunkt aus läßt sich die Meinung, daß eine Religionsform die absolute sei, zu welcher sich von Rechts wegen alle Menschen bekehren müßten, nicht halten.
>
> H. von Glasenapp

Ein Wort zuvor

Mit dem Anspruch auf das Absolute ist es so eine Sache. Dieser Anspruch weist drei Aspekte auf: erstens ist da derjenige, der den Anspruch erhebt; zweitens dasjenige, woraufhin der Anspruch erhoben wird; und drittens das Bewußtsein, das als Quelle des Anspruchs dient. Der Schlüssel zu dem dornigen Absolutheitsanspruch liegt in diesem Bewußtsein und in der gläubig neutralen und liberalen Analyse dessen, was es enthält und was ihm eigentlich widerfährt bei der Erhebung des Anspruchs auf Absolutheit. In diesem Kapitel geht es um zwei Dinge: erstens um eine religionsphilosophische Meditation zum Begriff und zum Inhalt des Absolutheitsanspruchs im Geiste des hier dargelegten Hinduismus und zweitens um den Versuch, einige persönliche Ansichten in Form von Thesen und Vorschlägen im Sinne eines Lösungsansatzes zu formulieren. Diese Lösungsansätze gehen von der realen Möglichkeit der Ökumene der Religionen aus, stellen geistige und geistliche Übungen dar und versuchen, auf diesem Wege die Ökumene in die Tat umzusetzen.

Zum Ursprung des Anspruchs

Es ist schwierig, den eigentlichen Ursprung des Absolutheitsanspruchs in der Philosophie- und in der Religionsgeschichte dingfest

[1] Dies ist eine leicht veränderte und erweiterte Fassung eines Vortrags, gehalten in der Evangelischen Akademie Loccum anläßlich der Tagung im März 1991 zum Thema: Der Absolutheitsanspruch des Christentums.

zu machen. Auch wenn der Name im dunkeln liegt, ist der Anspruch (auch ohne den Namen) in irgendeiner Form stets dagewesen.

Wie so vieles, was mit dem Absoluten zu tun hat, seine Wurzeln im deutschen Idealismus hat, scheint die Benennung ‚die Absolutheit der Religion oder des Christentums' auf Hegel zurückführbar zu sein. Für Hegel und für die Menschen nach ihm ist die Religion das Selbstbewußtsein des absoluten Geistes. Die christliche Religion, deren Stifter Christus, der Sohn Gottes, ist, stellt die absolute Religion dar. Denn nur in dieser Religion geschieht die einmalige, unwiederholbare, historisch-konkrete Vermittlung und Verbindung zwischen Gottheit und Menschheit.

Das Auszeichnende der christlichen Religion ist ihr besonderer Offenbarungscharakter. „In der christlichen Religion hat Gott sich geoffenbart, d. h. er hat den Menschen zu erkennen gegeben, was er ist, so daß er nicht mehr ein Verschlossenes, Geheimes sei ... Nun ist das Ausgezeichnete der christlichen Religion, daß mit ihr diese Zeit gekommen ist, dies macht die absolute Epoche in der Weltgeschichte aus ... So wissen wir als Christen, was Gott ist; jetzt ist Gott nicht mehr ein Unbekanntes: behaupten wir dies, so sind wir nicht Christen."[2]

Durch das Christentum ist das Absolute konkret in die Weltgeschichte eingetreten. Das Mysterium Gottes ist jetzt kein bloßes Geheimnis mehr. Und die Christen besitzen nach Hegel den „Schlüssel zur Weltgeschichte"[3].

Das, was das Christentum für sich allein beansprucht, beanspruchen mehr oder minder alle Religionen und Weltanschauungen, die auf einer universalen Verbindlichkeit beharren. Es mag mehrere Wege zum Heil geben, aber eine jede Religion beansprucht diesen Weg für sich allein. Die vedāntische Einheitsschau des Neo-Hinduismus legt die Lehre von dem sanātana dharma (der ewigen Religion) sehr inklusivistisch aus. Die Frage ist, ob sie sich mit der ewigen Religion identisch weiß oder ob sie eine bestimmte Form derselben darstellt.

Es ist freilich fraglich, ob der idealistisch-spekulative Weg des deutschen Idealismus die Absolutheit der christlichen Religion (und auch des christlichen Glaubens) untermauern kann. Nicht nur die christliche religiöse Wahrheit, sondern auch die Wahrheit anderer Religionen erhebt den Anspruch, eine unabgeleitete zu sein. Was für

[2] Heer, F.: Hegel: Auswahl und Einleitung, Frankfurt/M. 1955, S. 83f.
[3] Ebd., S. 84.

ein anmaßendes Wollen muß es sein, das den Glauben in dem Wissen, die Religion in der Philosophie aufheben will. Was keine idealistisch spekulative Philosophie wahrhaben will, ist die Feststellung: Der Gott der Philosophen ist doch nicht der der Theologen. Kein bloßes Denken erreicht den Gott der Theologen.

Die absolute Wahrheit ist die unbedingte Wahrheit. Der Anspruch, im Besitze einer solchen Wahrheit zu sein, ist kein besonderes Privileg nur der Religionen. Viele philosophische, politische und andere weltanschauliche Systeme treten mit ebendemselben Anspruch auf. Die Unbedingtheit der absoluten Wahrheit kann sich nach innen wenden und eine Absolutheit der inneren Erfahrung bedeuten ohne den Anspruch auf Absolutheit nach außen im Sinne einer Allgemeingültigkeit. In seiner Kritik der Absolutheit des Christentums sagt Troeltsch: „Die Historie ist kein Ort für absolute Religionen und absolute Persönlichkeiten. Beide Worte schließen einen Widersinn in sich.“[4]

Zur Begriffsklärung

Eine nicht nur begriffliche Unterscheidung möchte ich den folgenden Meditationen vorausschicken. Der Absolutheitsanspruch kann zwei Formen annehmen: Er kann erstens eine starke, ausschließliche Version darstellen und/oder zweitens eine schwache, milde Form desselben aufweisen. In der ersten Version vertritt der Absolutheitsanspruch zwei Dinge zugleich: erstens die absolute Wahrheit der eigenen religiösen Erfahrung, des eigenen Glaubens, der eigenen Offenbarung und zweitens wesentlich damit verbunden die (scheinbare) Gewißheit, daß die Wahrheit (zumindest nicht in der Vollkommenheit der eigenen religiösen Wahrheit) nicht in den anderen Religionen vorhanden sein kann. Die Wahrheit meiner Religion, sagt der Verfechter dieser Richtung, beinhaltet zugleich die Falschheit anderer Religionen. Man könnte diese Version auch als die „Absolutheit nach außen“ bezeichnen. Karl Barth hat durch seine sonst saubere Unterscheidung zwischen Religion und Glauben, zwischen der Religion nach unten und der von oben einer solchen Absolutheit Vorschub geleistet.

Die milde Form des Absolutheitsanspruchs geht von der völligen Wahrheit des eigenen Glaubens aus, vertritt zwar seine Absolutheit,

[4] Troeltsch, E.: Die Absolutheit des Christentums, München 1969, S. 59.

ohne jedoch damit wesentlich die Falschheit anderer Religionen oder Glaubensformen zu verbinden. Eine solche Absolutheit verdient den Namen: „Absolutheit nach innen“. Mein Weg ist absolut wahr, ohne daß dein Weg deswegen falsch sein muß. Dies ist das Motto des Absolutheitsanspruchs nach innen. Der zweite Sinn des Absolutheitsanspruchs ist dem ersten vorzuziehen; denn nur dieser Sinn erlaubt uns, erstens mit absoluter Überzeugung für den Glauben einzutreten, ohne sich innerlich zu relativieren, und zweitens die notwendige Kommunikationsbereitschaft mit den Andersgläubigen zu schaffen.

Der Absolutheitsanspruch kann aber auch jenseits eines Besitzanspruchs in der regulativen Idee als der festen Überzeugung bestehen, daß es eine allen historisch gewordenen Religionen enthobene, aber in ihnen sich doch manifestierende absolute religiöse Wahrheit gibt. Die Annahme einer solchen Ansicht sollte, methodisch gesprochen, unser Ausgangspunkt sein und im Sinne eines ernsthaften interreligiösen Gesprächs das zu realisierende Ziel darstellen. Die göttliche Transzendenz findet sich zwar in der Immanenz, geht in ihr jedoch nicht restlos auf. Wer dies beansprucht, kann nicht vermeiden, sich und seinen Glauben in den absoluten Stand zu setzen.

Wir haben bei unserer kurzen Erwähnung des deutschen Idealismus als des Ortes des philosophischen und religiösen Absolutheitsanspruchs erkennen können, daß eine bloße logisch-begriffliche Unterscheidung uns hier nicht sehr weit bringt, obzwar sie für ein Gespräch notwendig ist. Der Grund dafür ist folgender: Wenn es um religiöse Wahrheit geht, so ist damit eine unmittelbare Erfahrung, ein direktes Gewahrwerden der Glaubenswahrheit gemeint und nicht bloß ein durch die Begriffe vermitteltes intellektuelles Begreifen. Ferner beinhaltet der Absolutheitsanspruch – im Sinne des Satzes vom Widerspruch verstanden, im Sinne einer Logik des Entweder-Oder, des tertium non datur – eine theoretische Unmöglichkeit.[5]

[5] Was wir die Absolutheit nach innen oder die milde Absolutheit genannt haben, bezeichnet Gustav Mensching „intensive Absolutheit, weil sie gewissermaßen nur in die Tiefe der eigenen religiösen Beziehung geht, nicht aber in die Weite.“ G. Mensching: Toleranz und Wahrheit in der Religion, Heidelberg 1955, S. 162. Unter dem Terminus „extensive Absolutheit“ versteht Mensching den Sachverhalt, den wir hier mit dem Ausdruck „Absolutheit nach außen“ beschrieben haben. Vgl. ebd., S. 163f.

Das folgende Schema macht das Gesagte deutlich:

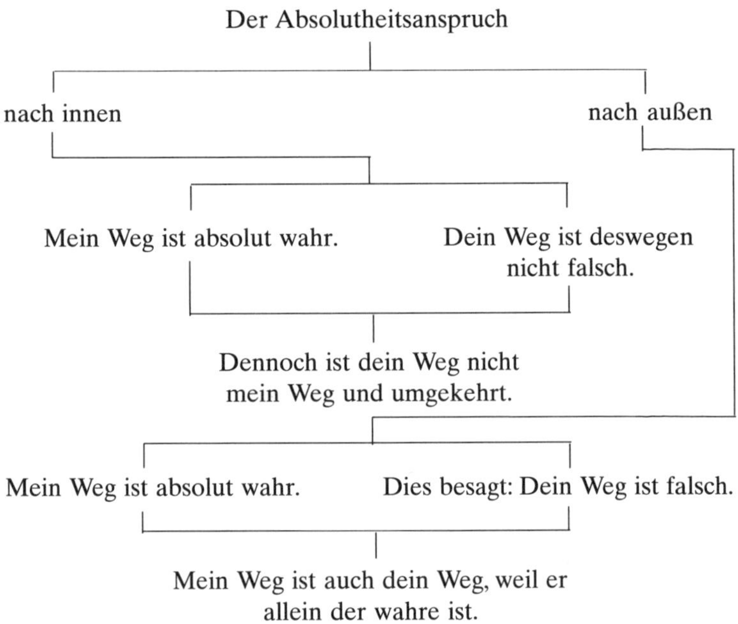

Bei dem Absolutheitsanspruch nach innen geht es um eine subjektive Erfahrung, die jedoch nicht in einem willkürlichen Sinne subjektiv ist. Es ist eine Erfahrung, welche dem Erfahrenden widerfährt, indem die Glaubenswahrheit sich ihm zeigt. „Das Erlebnis ist stets absolut, aber sein Ausdruck ist relativ."[6] Ein solches Erlebnis von der Absolutheit religiöser Wahrheit kann seine Einmaligkeit, Unvergleichbarkeit und Einzigartigkeit des darin erlebten Numinosen aufrechterhalten mit dem weiteren Vorteil, daß es nicht mit den anderen ähnlich gearteten Erlebnissen in Konflikt gerät. Der Absolutheitsanspruch in diesem Sinne kann sich pluralisieren, ohne unverbindlich zu werden.

Der Absolutheitsanspruch im Sinne der ausschließenden Absolutheit (Absolutheit nach außen) kann die Absolutheit nur noch im Singular deklinieren. Eine solche Absolutheit führt sich selbst ad absurdum, wenn sie sich mit vielen anderen Absolutheiten konfrontiert sieht. Wo mehrere Absoluta im Raume stehen und sich gegen-

[6] Mensching, G.: Toleranz und Wahrheit in der Religion, S. 167.

seitig ausschließen wollen, beweisen sie nolens volens ihre Relativität. Wer nach außen absolut sein will, begegnet einem anderen, der eben dasselbe will. An Beispielen fehlt es nicht auf den Gebieten der Politik und Religion.

Die starke Version des Absolutheitsanspruchs kennt auch eine Überlegenheitsgeste, die in vielfältiger Weise zum Ausdruck kommt. So wie im Geiste der Hegelschen Geschichtsphilosophie im Sinne eines stufentheoretischen Schemas der Weltgeschichte alle Kulturen und Philosophien zu den vorbereitenden Stufen der eigentlichen christlich-germanischen Kultur und Philosophie werden, so gibt es eine ähnliche Tendenz sowohl im Christentum als auch in anderen Religionen, alle Religionen und Glaubensformen als noch nicht vollkommene Erscheinungsweisen der einen absoluten Wahrheit anzusehen. Die alten Thesen von der „revelatio generalis" und „revelatio specialis", denen Luther im wesentlichen anhing – er sprach von einer zweifachen Erkenntnis Gottes (von einer allgmeinen und einer besonderen) – und denen noch das zweite Vatikanische Konzil folgte, machen immer noch einen qualitativen Unterschied zwischen den verschiedenen Religionen und lassen alle in einer bestimmten absoluten Religion kulminieren.

Im Hinduismus gibt es auch die Bezeichnung ‚sanātana dharma' (die ewige Religion), die einige Hindu-Gläubige mit dem Hinduismus selbst identifizieren wollen. Die ewige Religion ist jedoch nicht ein Besitz irgendeiner bestimmten Religion. Der Anspruch des Hinduismus, er besitze als eine so oder so geartete Religion diese eine ewige Religion, besteht jedoch nicht zu Recht; denn dies würde einem Absolutheitsanspruch im Sinne der Absolutheit nach außen gleichkommen. Dagegen gehört mit zu den wesentlichen Merkmalen des Hinduismus, daß die göttliche Wahrheit viele Inkarnationen kennt.

Es ist wohl richtig, daß fast alle Religionen implizit oder explizit den Anspruch auf absolute und universale Gültigkeit erheben. Kritikwürdig und kritikbedürftig sind jedoch nur die Religionen, die den Absolutheitsanspruch nach außen zu ihren wesentlichen Merkmalen rechnen. Wer die Absolutheit seiner inneren Überzeugung nicht mit der Unbedingtheit und Allgemeingültigkeit derselben verwechselt, weiß genau, daß das Erlebnis der vollkommenen Wahrheit nicht identisch ist mit dem Anspruch auf Absolutheit.

Das Eine mit vielen Namen

In dem Rigveda steht der Satz: Es ist das eine Wahre, die Weisen benennen es verschieden.[7] Sofern diese Einsicht zum Wesen der Hindureligion gehört, kann sie als offen und tolerant bezeichnet werden. Wird sie aber zum alleinigen Besitz dieser Religion, so kann der Hinduismus nicht tolerant genannt werden.

Ein weit verbreitetes Sprichwort in Sanskrit besagt: So wie das Wasser, das vom Himmel fällt, ins Meer fließt, erreichen alle Gebete, gerichtet an verschiedene Götter, den einen einzigen Gott. Alle Religionen und Glaubensformen, so die Sinndeutung dieses Sprichworts, spiegeln das Eine wider, jedoch keine vermag dies allein und vollständig. Die echte und wahre Absolutheit ist eine Eigenschaft des echten und wahren Einen. Die verschiedenen Religionen und Glaubensformen stellen eher die Hardware, und die darin enthaltene Botschaft die Software dar.

Der erste Vers des Tao te King von Lao Tzu hat diese Unbenennbarkeit des Einen zum Thema. Was benannt wird, ist mehr als der Name. Es gibt eine Metonymie zwischen dem Namen und dem Benannten.[8]

Auch hier ist von der oben erwähnten Grundüberzeugung auszugehen, daß die eine Wahrheit viele Namen trägt, ohne in irgendeinem Namen vollständig aufzugehen. Die religiöse Wahrheit bedarf der Sprache, auch wenn sie in der Sprache nicht ganz verfügbar ist. Die Tradition der negativen Theologie und die vedāntische Lehre: Nicht-dies, nicht-dies, ... (neti, neti, ...) sprechen von dem Schweigen in den Religionen. Das Schweigen darf aber nicht als eine privatio des Redens mißverstanden werden.

Sieht man die Präsenz der einen göttlichen Wahrheit in den verschiedenen Glaubensformen, so kann man nur noch eine „vertikale" und keine „horizontale" Missionierung befürworten; denn in der ersten geht es darum, daß jeder die höchste Stufe der Perfektion in der eigenen Glaubensform erreicht, während es bei einer horizontalen Missionierung um eine Änderung des religiösen Bekenntnisses

[7] Vgl. Radhakrishnan, S., and Moore, C. A.: A Source Book of Indian Philosophy, 5. Aufl., New York 1973, S. 21.

[8] „Das Tao, über das ausgesagt werden kann,
Ist nicht das absolute Tao.
Die Namen, die gegeben werden können,
sind keine absoluten Namen."
Lao Tse, hrsg. von Lin Yutang, Hamburg 1955, S. 37.

geht. Dies wird deutlich durch das folgende Gespräch zwischen einem Missionar und Gandhi. Einmal sagte der Missionar zu Gandhi, er halte ihn für einen Jünger Jesu. Gandhi entgegnete: „Das bin ich, wenn auch in anderem Sinne, als Sie es vielleicht meinen. Ich bin nämlich auch ein Jünger Buddhas, Krishnas und Mohammeds. Sie alle wollen ja dasselbe: Wahrheit, Liebe und Gerechtigkeit." „Aber Christus", erwiderte der Missionar, „hat nach meiner Überzeugung die höchste Wahrheit gebracht, und zwar als Offenbarung Gottes." „Wenn ich diese Überzeugung auch hätte", erwiderte Gandhi freundlich lächelnd, „dann müßte ich mich taufen lassen."[9]

In dem Gedanken der christlichen Vorsehung schwingt auch der Gedanke einer providentiellen Leitung der Weltgeschichte mit und dies mit dem Anspruch, allein für das Heil der richtige Weg zu sein. Mit einem solchen Vorsehungsgedanken (dieser darf in seiner Einzigartigkeit nicht verwechselt werden mit ähnlichen Gedanken hinsichtlich der diversen Prophezeiungen bezüglich der Welt und der Menschen in vielen anderen Religionen) trat etwas ganz Neues in die Geschichte ein.[10]

Was not tut, heute mehr denn je, ist die Selbsterziehung zur überkonfessionellen Bereitschaft, neben dem eigenen Glauben die anderen Glauben nicht nur zu tolerieren, sondern auch zu respektieren aus der gelebten Absolutheit nach innen. Wer angesichts der Vielstimmigkeit der Glaubensformen meint, die Substanz seiner eigenen Glaubensform nicht aufrechterhalten zu können, übernimmt sich in zweifacher Hinsicht: Erstens übernimmt er sich, indem er über die anderen Glaubensformen urteilt oder sie gar verurteilt. Zweitens übernimmt er damit eine Aufgabe, die eigentlich in den Händen Gottes liegt. Mögen die Glaubensformen doch nicht bloß zufällig sein, aber die De-facto-Zugehörigkeit zu dieser oder jener Religionsform ist doch zufällig, es sei denn, man hat sich aus irgendeinem der eigenen Person einleuchtenden Grunde von der einen Glaubensform weg zu einer anderen gewandt. „Das Faktum, daß ich, weil ich in Europa geboren bin, Christ bin, besagt nicht das geringste darüber, daß das Christentum eher recht habe als der Buddhismus oder der Hinduismus."[11] Angesichts der Haltung hinduistischer und buddhi-

[9] Zit. in: Glasenapp, H. v.: Die fünf Weltreligionen, Köln 1967, S. 368.

[10] Vgl. Löwith, K.: Weltgeschichte und Heilsgeschehen, 3. Aufl., Berlin 1953.

[11] Weizsäcker, C. F. v.: Der Garten des Menschlichen, München 1977, S. 446.

stischer Freunde hinsichtlich der Göttlichkeit Jesu, meint von Weizsäcker kein Bedürfnis zu haben, diese bekehren zu wollen. Wozu sollte das gut sein, fragt er. Denn wer die Präsenz des Göttlichen bei sich bejaht und bei den anderen verneint, beschwört einen religiösen Konflikt herauf.

Es muß wohl eine falsche Angst oder ein übertriebener Absolutheitsanspruch sein, wenn man in dem Gedanken von der Gleichrangigkeit und Gleichwertigkeit der Religionen eine Gefahr für die eigene erblickt. Liest man die folgenden Worte des katholischen Geistlichen J. Monchanin in Indien (1895–1957), so erfüllt einen eine eigenartige mit der Herrlichkeit Gottes nicht zu vereinbarende Melancholie. „Je mehr ich mit den Hindus vertraut werde, um so besser kann ich den Abgrund ermessen, der uns trennt ... Sie verehren und lieben Christus, er zählt für sie zu den Großen, doch sie sind nicht bereit, ihn als den einzig wahren Weg anzuerkennen ... Ich bin meiner Ohnmacht bewußt. Der gläubige Hindu und vor allem die Brahmanen sind keineswegs beunruhigt ... Ich weiß nicht, auf welchem Weg sie das Evangelium eines einzigen Christus (was ihnen schlicht als Vermessenheit erscheint) erreichen könnte."[12]

Ein Pendant zur Formel „das Eine mit vielen Namen" finden wir bei Nikolaus Cusanus in seiner Lehre „una religio in rituum varietate". In seiner Schrift ›De pace seu concordantia fidei‹ versucht Cusanus eine Zusammenkunft verschiedener Religionen in einer einheitlichen Religion. Die Form, die er dazu wählt, ist die des religiösen Dialogs, in dem das Gebet eine zentrale Rolle spielt.[13]

Diese Aussage des genialen Cusanus ist mutig, offen, kommunikationsfördernd und von ökumenischem Gesprächsgeist beseelt; sie ist aber ebenso schillernd, da die Rede von der *einen Religion* aller Wahrscheinlichkeit nach die christliche Religion meint. Man muß einem solchen Verständnis der einen Religion einen vereinheitlichenden Inklusivismus vorwerfen.

In der neueren Zeit ist verschiedentlich die Rede gewesen von dem „anonymen Christen" (K. Rahner) oder von dem unbekannten

[12] Zit. in: Riviere, J. R.: Asien und der Westen, Hamburg 1978, S. 69.

[13] „Du bist es, der in den verschiedenen Religionen (ritibus) auf verschiedene Weise gesucht und mit verschiedenen Namen benannt wird ... Sei gnädig und zeige dein Antlitz, und Heil wird widerfahren allen Völkern ... Wenn du gnädig so tun wirst, dann werden aufhören das Schwert und der neidvolle Haß und alle Übel, und alle werden erkennen, wie nur *eine* Religion ist in der Mannigfaltigkeit der religiösen Bräuche (una religio in rituum varietate)." Zit. in: Mensching, G.: Toleranz und Wahrheit in der Religion, S. 87.

Christus des Hinduismus (Raymondo Panikkar). Alle diese Versuche sind eigentlich und letzten Endes die neuen Auflagen der im Grunde genommen alten Ansicht, daß der Sohn Gottes – so die christliche Fundamentalontologie – *der* Weg, *die* Wahrheit und *das* Leben ist. Es hat wenig Sinn, wenn man in diesem fundamentaltheologischen Selbstanspruch ein Kriterium für eine objektiv-wissenschaftliche Wahrheit des Glaubens sieht; denn eine solche kann es ja nicht geben. Andere, insbesondere protestantische Theologen machen die Wahrheit des Glaubens zu einer Angelegenheit personaler Natur und erklären mit Recht die sogenannte wissenschaftliche Wahrheit von der Absolutheit des Christentums als gegenstandslos. Dennoch hält diese Theologie an einer absoluten Geltung der christlichen Offenbarung für alle Menschen fest.

Toleranz und Absolutheitsanspruch

Die starke ausschließende Version des Absolutheitsanspruchs läßt immer und überall – ob in Offenbarungsreligionen oder in gewachsenen Religionen – das echte interreligiöse Gespräch nicht zustande kommen. Kommt es dennoch zu einem Gespräch, dann bleibt dieses im großen und ganzen eher von der äußeren Notwendigkeit einer gewissen Etikette oder anderen Gepflogenheiten bestimmt. Ein Glaube, zu dessen Wesen es gehört, ausschließend zu sein, kann nur noch wollen, selbst verstanden zu werden. Jedes redliche Gespräch verlangt jedoch zwei Dinge zugleich: Verstehenwollen und Verstandenwerdenwollen. Keine interreligiöse Hermeneutik darf dies ignorieren.

Alle Ausschließlichkeitsanschauungen haben eine Weltherrschaft zum Ziel. Karl Jaspers hat im Namen seines philosophischen Glaubens den Absolutheitsanspruch des Christentums in aller Schärfe zurückgewiesen und hat gemeint, daß man sich einem solchen Anspruch gegenüber nicht neutral verhalten kann. Daher ist es eine Forderung der Kommunikation nach Jaspers, „den Absolutheitsanspruch des Glaubens wegen des darin liegenden Abbruchs der Kommunikation aufzugeben ohne die Unbedingtheit des eigenen Glaubens zu verlieren“.[14]

Jaspers findet die Gewißheit der Theologen, im endgültigen Besitz der Wahrheit zu sein, erschreckend. Er sagt: „Zu den Schmerzen

[14] Jaspers, K.: Der philosophische Glaube, 7. Aufl., München 1981, S. 134.

meines um die Wahrheit bemühten Lebens gehört, daß in der Diskussion mit Theologen es an entscheidenden Punkten aufhört ... Wer im endgültigen Besitz der Wahrheit ist, kann nicht mehr mit anderen richtig reden, – er bricht die echte Kommunikation ab zugunsten seines geglaubten Inhalts."[15]

Was Jaspers an der christlichen Offenbarung zurückweist, ist ihr Absolutheitsanspruch nach außen; denn diese Offenbarung läßt neben sich keine andere gelten. Den Absolutheitsanspruch des Christentums hält Jaspers für hausgemacht und für eine dogmatisch bestimmte Glaubenswahrheit. Es liegt in der Konsequenz seiner Ablehnung der Einmaligkeit der christlichen Offenbarung, daß er in seinem Buch ›Ursprung und Ziel der Geschichte‹ die Weltachse pluralisiert und diese an verschiedenen Orten dingfest macht. Christus ist eine der Achsen der Weltgeschichte.

Der Absolutheitsanspruch nach außen und die Toleranz sind wie Feuer und Wasser. Immer, wo sie notgedrungen zusammenkommen, erzeugen sie Spannung und befinden sich selbst in Spannung. Mensching hat in seiner Schrift ›Toleranz und Wahrheit in der Religion‹ zwei Typen von Toleranz unterschieden: eine formale und eine inhaltliche. Zur formalen Toleranz gehört das Unangetastetseinlassen fremder Glaubensüberzeugungen. Der Andersgläubige, der toleriert wird, kann in diesem Falle von Glaubensfreiheit sprechen. Das von ihm als Glaubensfreiheit Empfundene bedeutet nicht die Relativierung der Wahrheit einer Religion, die da die formale Toleranz übt. Formale Toleranz ist noch nicht das, was im Sinne unseres „Absolutheitsanspruchs nach innen" geboten wäre. Die formale Toleranz ist durch und durch negativ und schädlich; denn sie läßt den Fremdglauben nicht unangetastet. Die darin enthaltene Intoleranz bringt im Namen der „Absolutheit nach außen" eine Einförmigkeit des Glaubens mit sich und versucht, diese durch so viele sakrale Institutionen durchzusetzen.

Die inhaltliche Toleranz ist nach Mensching ein zu bejahender Wert; denn sie erkennt die gleichberechtigte Position fremder Religionen an. Sie erblickt in der Vielstimmigkeit der Glaubensformen die gottgewollte Vielfältigkeit. Das Eine hat viele Namen, identifiziert sich jedoch nicht ausschließlich mit irgendeinem dieser Namen. Es ist falsch, zu meinen, eine solche inhaltliche Toleranz nehme die eigene Glaubenswahrheit nicht ernst, verwässere sie und gebe sie preis. Was wir oben „Absolutheit nach innen" nannten, verträgt sich

[15] Ebd., S. 61.

ausgezeichnet mit einer solchen inhaltlichen Toleranz. Es gehört zu ihrem Wesen, daß sie das Numinose in vielen Glaubensformen vertreten sieht.

Am schlimmsten verhält sich die inhaltliche Intoleranz, weil sie die fremden Überzeugungen nicht nur formal, sondern auch mit allen Mitteln bekämpft. Darin meint sie irrtümlicherweise eine gottgewollte Verpflichtung zu sehen. Es ist diese Intoleranz gewesen, die im Namen Gottes die Inquisition und Kriege zuließ. Der Ausschließlichkeitsanspruch, der einer solchen inhaltlichen Intoleranz innewohnt, ist nur ein Blendwerk der menschlichen Eitelkeit. Auf Gott kann und darf er nicht gegründet sein.[16]

Wer für sich allein das göttliche Geheimnis beansprucht und auf der Ausschließlichkeit des eigenen Anspruchs beharrt, neigt zur Vereinheitlichung. Es ist eine Vereinheitlichung, die aus dem Elend resultiert, im Besitz der absoluten Wahrheit zu sein. Das Elend der absoluten Wahrheit ist nicht ein Elend für diese Wahrheit selbst, sondern ein Elend unseres Anspruchs auf diese Wahrheit.

Es ist immer wieder die heikle Frage gestellt worden: Wo liegt die Grenze der Toleranz, wo muß ich im Namen meiner Verpflichtung zur Toleranz aufhören, tolerant zu sein? Gibt es der Ausschließlichkeit gegenüber eine Neutralität? Hat die Toleranz überhaupt eine Grenze? Ist sie doch nicht vielleicht grenzenlos und toleriert auch das, wodurch sie selber bedroht wird? Alle diese Fragen sind viel zu komplex und vielschichtig, als daß man eine einfache und eindeutige Antwort auf sie finden könnte. Analysieren wir den Inhalt dessen, was wir unsere Verpflichtung zur Toleranz nennen, so finden wir darin doch auch die Forderung enthalten: Toleriere die Toleranten! Daß die Intoleranten – aus welchen Gründen auch immer – meine Toleranz nicht verdienen, liegt weder nur in ihrer Intoleranz, die schlimm genug ist, noch in meiner persönlichen Willkür, sie nicht tolerieren zu wollen, sondern wesentlich darin, daß ein Wert, dem sich meine Toleranz verpflichtet weiß, in Gefahr ist, durch meine eigene Toleranz Schaden zu erleiden. Wer für eine verbindliche Pluralität lebt, kann auch für sie sterben. Aber ist es ein Verdienst, die Toleranten zu tolerieren? Ist es ein größeres Verdienst, auch die Intoleranten zu tolerieren und Feindesliebe zu praktizieren? Haben

[16] „Die Christusreligion enthält die Wahrheit, daß Gott zum Menschen durch Menschen spricht, aber Gott spricht durch viele Menschen ... Gott spricht durch keinen Menschen ausschließend ...“ K. Jaspers: Der philosophische Glaube, S. 80.

nicht Buddha, Christus, Gandhi, Martin Luther King gerade dies gepredigt? Aber schaufelt sich die Toleranz nicht so ihr eigenes Grab? „Die Grenzen der Toleranz liegen da, wo die Intoleranz der anderen beginnt", heißt es bei Mensching.[17]

Zum echten Pluralismus gehört nicht nur die Bereitschaft zur Anerkennung der Existenz mehrerer Glaubensformen, sondern auch und vor allem die tiefe Überzeugung von der Gleichrangigkeit und Gleichwertigkeit dieser Formen. Jenseits aller Exklusivitäten und Inklusivitäten, auch jenseits aller synkretistischen Versuche und Lippenbekenntnisse zum Pluralismus unter dem situativen Druck der interreligiösen Lage, gilt es heute anzuerkennen, daß die Pluralität der Religionen gottgewollt ist. Wer im Namen des einen Gottes Absolutheit beansprucht, bespiegelt sich selbst und projiziert sich selbst auf Gott. Dies ist aber Anthropozentrik und keine Theozentrik.

Das Zeitalter, in dem wir leben, ist ein „Weltalter" (Scheler), und wir sind unmittelbar von dem erneuten Angesprochensein Europas durch Asien und Asiens durch Europa betroffen. Diese Begegnung ist zwar vielversprechend, enthält jedoch auch große Risiken des Mißlingens und Scheiterns. Was wir heute brauchen, ist nicht eine Neuauflage alter positiver Theologien, mögen sie sich noch so aufklärerisch geben. Auch kann uns der Fundamentalismus heute nicht helfen, der da sagt: entweder dieser Glaube oder Nihilismus. Mit Recht meint Jaspers: „Die Liberalität anerkennt, daß der Weg zu Gott auch ohne Christus möglich ist, daß Asiaten ihn auch ohne Bibel zu finden vermögen."[18] Dies gilt jedoch generell, ob wir christlich, buddhistisch, islamisch oder hinduistisch denken.

Die religiöse Liberalität, die heute not tut, darf nicht als eine Überlebensstrategie angesehen oder mißbraucht werden in einer Situation, in der man sich in einer demokratischen Umgebung befindet, diese bejaht und sie nicht in Einklang bringen kann mit dem undemokratischen Anspruch, auf dem Gebiete des Glaubens die Wahrheit allein zu besitzen. Es muß heute im Namen einer inhaltlichen Toleranz eingesehen werden, daß die Unerbittlichkeit des Absolutheitsanspruchs nach außen ein selbstverschuldetes Vorurteil ist. Inhaltliche Toleranz impliziert eine Hermeneutik, die sie am Leben

[17] Mensching, G.: Toleranz und Wahrheit in der Religion, Hamburg 1966, S. 182.

[18] Jaspers, K., Bultmann, R.: Die Frage der Entmythologisierung, München 1954, S. 46.

erhält. Nicht, daß dem Theologen Selbstzweifel nicht erlaubt wären (siehe den Fall des Anselm von Canterbury), aber auch der Theologe hat sich letzten Endes unterzuordnen.

Die verschiedenen Glaubensformen sollen als Angebote aufgefaßt werden. Dies läßt uns Raum sowohl für eine freie Entscheidung als auch für Toleranz. Auf der empirischen Verhaltensebene ist der Absolutheitsanspruch ohnehin nicht notwendig; denn die gesamte Menschheit gehört eben nicht einer einzigen Religion an. Und wer den Absolutheitsanspruch nach außen lehrt und predigt, führt in Wahrheit in der Maske eines Dialogs stets Monologe. Ein Bekenntnis zur Toleranz im Sinne eines übergeordneten Korrektivs muß jedem konkreten Bekenntnis vorausgehen und es stets begleiten wie sein Schatten. Denn ohne ein solches Bekenntnis ist jede Toleranz leer, und ein jedes Bekenntnis blind. Das hier eingeführte Bekenntnis zur Toleranz ist wie eine Atmosphäre, die alle Glaubensformen begleitet, über ihnen schwebt und sie hindert, sich in den absoluten Stand zu setzen. Zu sagen, es ist Gottes Wille, daß meine Religion, mein Glaube der einzig absolut wahre Glaube sei, ist von den Menschen her gesehen eine Anmaßung und von Gott her gesehen eine Gottesbeleidigung. Nicht Gott ist beunruhigt, daß er in Tempeln, Moscheen, Kirchen, Pagoden usw. gepriesen wird, sondern nur der Mensch in seiner begrenzten Sicht.

Einige Thesen als Lösungsansätze

Der Sinn dieser Darlegung ist das Anstiften zur Meditation hinsichtlich der Religion, des Glaubens, der Toleranz gewesen. Die Theologie, die dieser Meditation entspricht, ist die des ureinen Gottes mit verschiedenen Gesichtern. Der Gott der Geschichte ist nicht der Gott an sich. Dieser ist aber im Gott der Geschichte vorhanden. Alle Theologien sind unterwegs.

Zum Schluß seien hier fünf Thesen formuliert als Vorbedingungen für die Möglichkeit eines ernsthaften Gesprächs im Sinne einer Ökumene der Weltreligionen. Hierbei handelt es sich nicht um einen Synkretismus, auch nicht um eine bloße Synthese der Weltreligionen. Es geht auch nicht um eine Stufentheorie der Religionen mit einer Religion als Kulmination, sondern um eine gottgewollte Vielfalt der verschiedenen Ausdrucksformen.

Der gottgewollten Vielfalt in der Schöpfung muß Rechnung getragen werden. Keine Gottesoffenbarung braucht ihre Eigenart aufzugeben, weil das Göttliche Einheit und nicht Einförmigkeit ist. Sind die Glaubensformen die vielen äußeren Häute der Zwiebel, so ist das Göttliche das Zwiebelherz.

1. Einheit ohne Einheitlichkeit: Die eine Wirklichkeit, das eine Wahre, der eine Gott, das eine Brahman, die Gottheit Meister Eckharts, die una religio des Cusanus, all diese stellen die Urquelle verschiedener Glaubensformen dar. Alle Flüsse fließen zum selben Ozean. Es geht immer um die Chiffre des persönlichen Gottes. Kein persönlicher in der Geschichte konkret auftretender Gott kann die volle Transzendenz der einen Gottheit mit totaler Leibhaftigkeit repräsentieren und eine Absolutheit nach außen beanspruchen. Von einem viel zu persönlichen Gott, der sich mit dem Einen identisch weiß, werden wir oft enttäuscht. Dies belegt die Geschichte von Hiob, der nicht nur vor Gott klagt, sondern Gott selbst anklagt.

Die Pluralität der Glaubensformen entspringt einer tiefen, innerlich erlebten Überzeugung, und sie darf nicht als ein Lippenbekenntnis zu einem oberflächlichen Pluralismus der Riten und Gestalten mißverstanden werden. Sie darf keine Alibifunktion erhalten.

2. Pluralität auch in Religion und Glauben: Der einen Urquelle einer Gottheit entsprechend gibt es eine ewige Religion, einen ewigen Glauben, der durch die Überzeugung ausgezeichnet ist, daß es mehrere Wege zum Göttlichen gibt. Es gibt nicht nur viele Wohnungen im Hause des Vaters, sondern es gibt auch viele Wege dorthin. Eine solche gottgefällige tolerante Überzeugung ist nach außen hin offen und nach innen hin fest verankert. Innere Absolutheit der Überzeugung bedeutet nicht, daß von der Offenbarung des Göttlichen nur im Singular und niemals im Plural gesprochen werden kann. Alle geschichtlich gewordenen Religionen sind durch die jeweiligen konkreten Situationen geformte Ausdrucksweisen des einen wahren Glaubens. Keine dieser positiven Religionen darf sich verabsolutieren. Wer meint, die einzige Botschaft allein vernommen zu haben, ist auf dem besten Wege, im Konzert der Weltreligionen die Dissonanzen zu produzieren. Man sage hier nicht voreilig, eine solche Position verwässere den jeweiligen Glauben; denn an der Festigkeit des eigenen Glaubens ändert dies ja nichts. Mein Weg ist richtig, ohne daß dein Weg falsch ist, müßte heute zum Credo aller Religionen und Glaubensformen werden.

3. Totale Geschichtlichkeit (Leibhaftigkeit) und Ausschließlichkeit schließen einander aus. Den „Teufel der Ausschließlichkeit" (Jaspers) muß jeder Glaube ablehnen. Nicht nur weil der Ausschließlichkeitsanspruch nach außen keine echte Kommunikationsbereitschaft

kennt, sondern aus der inneren Überzeugung, daß die ewige Botschaft des Göttlichen sich in keiner Weise relativiere, wenn sie sich durch verschiedene Inkarnationen zu verschiedenen Zeiten und an verschiedenen Orten manifestiert. Es sind die Inkarnationen, die auf die göttliche Botschaft hin relativ sind, aber niemals umgekehrt. Die Einmaligkeit einer Inkarnation geht nicht verloren, wenn man der Ansicht ist: Das Göttliche kann mehrere Einmaligkeiten erzeugen, ohne bloß Wiederholung zu sein. Die Einheit der Religionen sollte man nicht in einem gemeinsamen Bekenntnis suchen, sondern vielmehr in einem gemeinsamen Streben. Das Postulat der inhaltlichen Toleranz ist unser aller Pflicht; und das Erlebnis der inhaltlichen Toleranz unser Ziel. Eine solche Toleranz erhält die Konturen eines Glaubens, alle anderen Glaubensformen begleitend.

4. Die verschiedenen Glaubensformen als verschiedene Wege zum selben Ziel: Die Vielheit der Wege ist mit der Einheit des Zieles gut vereinbar, wenn man sich einmal klarmacht, daß die unbedingte Sicherheit des eigenen Weges die Unsicherheit anderer Wege nicht impliziert. Eine solche Überzeugung macht einer Jagd auf Irrlehren ein Ende. Der eine Gott umgreift alle seine Inkarnationen, ohne jedoch von irgendeiner ganz umgriffen zu werden. Es kommt fast einem Aberglauben nahe, wenn man das absolut Eine mit irgendeiner konkreten Gestalt identifiziert – sei es im Hinduimsus, Islam, Christentum oder Buddhismus.

5. Die verschiedenen Glaubensformen schließen sich ein und nicht aus; sie sind zueinander komplementär und nicht konträr. Jede Gottesvorstellung aus den heiligen Schriften oder Traditionen muß auf die erlebte Innerlichkeit zurückgeführt werden; denn erst diese verlebendigt jene. Nirgends soll die Logik eines Entweder-Oder, sondern die eines Sowohl-Als-auch gelten, ohne daß dabei die eigene innere religiöse Verankerung leidet. Wer freilich jede Form der Mystik als „Unglaube" ablehnt (z. B. Barth), der muß sich fragen lassen, wie er dann den Stachel der Ausschließlichkeit beseitigen will. Während der indische Heilige Ramakrishna meditierend und betend die Einheit der Religionen persönlich erfuhr, bezeugte er die Einheit des Göttlichen in der Vielheit seiner Stimmen.

Bei den hier kurz dargelegten Thesen geht es mir um zwei Dinge: Erstens vertreten sie im Sinne einer religionsphilosophischen Meditation einen normativ-postulativen Weg, um das Ziel einer Ökumene der Weltreligionen zu erreichen. Wir sollen von dem Postulat einer Vielfalt der Wege zum Göttlichen ausgehen und es zu unserer Pflicht erheben. Dies ist der Weg von der Philosophie zur Theologie (Denkweg oder Reflexionsweg). Zweitens betonen sie die Einsicht im Sinne einer Verinnerlichung, daß es zum Wesen einer echten Glaubensform gehört, daß das ewig Göttliche unter vielen Namen auftritt. Dies ist der Weg von der Religion zur Philosophie. Intoleranz und Religiössein passen nicht zusammen.

12. Kapitel

ÖKUMENE DER RELIGIONEN: THESEN AUS DER SICHT DES HINDUISMUS

Im Hinduismus gibt es kein Dogma über „den" Weg. Es gibt verschiedene Wege, zur Wahrheit zu gelangen und Gott zu verwirklichen.

Mahatma Gandhi

Wohl aber ist es Aufgabe gerade des ökumenischen Theologen, das schon Vorhandene an Gemeinsamkeiten ins allgemeine Bewußtsein zu heben und immer wieder darauf zu drängen, daß die Religionen in Zukunft das Gemeinsame stärker betonen als das Trennende. Und im Ethos sind sich Weltreligionen nun einmal näher als im „Dogma".

Hans Küng

Zu den Quellen des Hinduismus

Das Einzigartige am Hinduismus im Vergleich zu allen anderen Religionen der Welt ist, daß er keinen einzigen Stifter kennt, die vedischen Schriften zu seinen heiligen Offenbarungen zählt und diese für unpersönlich hält.

Glücklicher- oder unglücklicherweise kennt der Hinduismus keine allseitig akzeptablen Konzilien, die die Dogmen festlegen. So gibt es im Hinduismus einen viel größeren Deutungsspielraum.

Die Grundüberzeugung von dem „einen Wahren mit vielen Namen" hat den Hindus ermöglicht, erstens zu überleben und zweitens große Religionskriege zu vermeiden. Viele Kultur- und Religionsbegegnungen sind anders verlaufen.

Unter den Weltreligionen ist der Hinduismus fast die einzige Religion, die sämtliche Ausdrucksformen des Religiösen kennt: vom Polytheismus über den Monotheismus bis zum Monismus. Nicht zu Unrecht sieht Glasenapp im Hinduismus eine Enzyklopädie aller Religionen.

Zu den Hauptmerkmalen des Hinduismus

In den Upanishaden, die Deussen das Neue Testament der Brahmanen nennt, finden wir zwei Hauptströme in bezug auf das Religiöse: Monismus und Theismus. Mit anderen Worten: der Hinduismus kennt einen anthropomorphen und einen nicht-anthropomorphen Gott (saguna und nirguna Brahman).

Der Hinduismus kennt auch eine Trinität (trimurti), gebildet von drei Göttern. Diese handeln im Auftrage des einen Brahman und stellen drei Funktionen dar: Schöpfung, Erhaltung und Zerstörung (Brahmā, Vishnu, Shiva). Die späteren Vedānta-Theologen haben das Göttliche auch durch eine dreifache, eher gnostische Formel charakterisiert: Sat (das höchste Sein), cit (das Bewußtsein) und ānanda (göttliche Wonne). Man hat dies mit Gottvater, dem Sohn und dem heiligen Geist in Verbindung gebracht. Einige Ströme des Hinduismus unterscheiden sich lediglich durch die Rangordnung dieser drei Götter.

In der Gitā spricht Krishna als eine Gottesinkarnation Vishnus folgende Worte: Jedesmal, wenn die Rechtmäßigkeit, d. h. die Dharma-Ordnung, im Schwinden begriffen ist und Unrechtmäßigkeit sich erhebt, lasse ich mich selbst hervorströmen. Das ist die bekannte avatāra-Lehre des Einen. Hier wird keine eindimensionale Theologie vertreten, sondern eine multidimensionale, die jedem Raum läßt, nach seiner Anlage und seinem Temperament die eigene Richtung zu finden.

Bedingungen einer Ökumene

Zum echten Pluralismus gehört nicht nur die Bereitschaft zur Anerkennung der Existenz mehrerer Glaubensformen, sondern auch und vor allem die tiefe Überzeugung von der Gleichrangigkeit und Gleichwertigkeit dieser Formen. Jenseits aller Exklusivitäten und Inklusivitäten, auch jenseits aller synkretistischen Versuche und Lippenbekenntnisse zum Pluralismus unter dem situativen Druck der heutigen interreligiösen Lage, gilt es heute anzuerkennen, daß die Pluralität der Religionen gottgewollt ist. Das eine Göttliche privilegiert kein Volk, keine Sprache, keine Kultur.

Im globalen Kontext heute ist die interreligiöse Perspektive nicht wegzudenken. Sie ist fast unwiderruflich ein Teil der Diskurse über Religionen geworden. Mit anderen Worten: der Dialog der Religionen geschieht in einem de facto existierenden interreligiösen Kontext. Eine Ökumene der Religionen ist heute ein interreligöser Imperativ; denn es fehlt nicht an Stimmen, die warnend von einem „Kampf der Kulturen“ sprechen und darunter in erster Linie die zunehmenden Religionskonflikte verstehen. In seinem soeben erschienenen Buch ›Kampf der Kulturen. Die Neugestaltung der Weltpolitik im 21. Jahrhundert‹ sieht Huntington in dem Religionsstreit die Hauptkampfform der Kulturen und warnt Europa in einem eurozentrischen Geist vor dem Verlust seines Universalismus.[1] Auch wenn Huntingtons These sich hier und da empirisch zu bestätigen scheint, muß das Prophetisch-Gefährliche seiner Vorstellung von der Wiederherstellung der religiösen und kulturellen Dominanz des Westens entschieden zurückgewiesen werden, nicht nur weil es dem toleranten Geist der Interreligiosität zuwiderläuft, sondern auch weil sie zu einer „self-fulfilling prophecy“ führen kann. Wer die Kultur- und Religionsvielfalt leugnet, liebäugelt mit der Ideologie eines einzigen Glaubens, einer einzigen Kultur für die gesamte Menschheit. Die interreligiöse Liberalität verbietet dies.

Die verschiedenen Glaubensformen sollen als Angebote aufgefaßt werden. Sie sind zu erleben und persönlich zu glauben. Dies läßt uns Raum sowohl für eine freie Entscheidung als auch für Toleranz. Auf der empirischen Verhaltensebene ist der Absolutheitsanspruch ohnehin nicht notwendig; denn die gesamte Menschheit gehört eben nicht einer einzigen Religion an, was Huntingtons Universalismus absurd erscheinen läßt.

Das Credo des Hinduismus ist und bleibt seine Vielfalt, und diese nicht nur intra-religiös, sondern auch inter-religiös. Dies hat praktisch zur Folge, daß man von der religiösen Gesinnung beseelt ist, daß glauben und glauben lassen zusammengehören. Eine solche mit Respekt einhergehende, tolerante Haltung anderen Religionen gegenüber ermöglicht, daß wir den anderen Glaubensformen die Heilswirksamkeit nicht absprechen.

Der Hinduismus heute

Die hier dargelegten und ein wenig idealtypisch anmutenden Grundzüge des Hinduismus stehen in keinem oder in einem verkehrten Verhältnis zu der sozialen/politischen und religiösen Situa-

[1] Vgl. Huntington, S. P.: Kampf der Kulturen. Die Neugestaltung der Weltpolitik im 21. Jahrhundert, München/Wien 1997, 291 ff.

tion in Indien heute. Sie führen zu keinem besseren Verständnis dieser Situation, es sei denn, man identifizierte den Hinduismus mit dem Vulgärhinduismus und seinem Kasten(un)wesen, mit einer billigen Deutung der Wiedergeburts- und Karma-Lehre.

Betrachtet man die heutige Situation voller Gewalt, Haß und Gier, dann ist wenig von dem Hinduismus übrig, der nicht nur für seine formale, sondern auch inhaltliche Toleranz bekannt ist.

Keine Religion – auch der Hinduismus nicht – ist jedoch vor Entgleisungen gefeit in den Händen der Menschen. Unsere Darstellung des Hinduismus hat in einer unkonventionellen Weise versucht, ihn von dem Ballast zu befreien, den er in Jahrtausenden gesammelt und auf sich geladen hat. Denn nur ein Hinduismus ohne diesen Ballast ist in der Lage, zum Ethos beizutragen, von dem in dem Projekt „Weltethos" von Hans Küng die Rede ist.[2] Es ist ein Ethos des Einen mit vielen Namen. Wer sich dieses Ethos zu eigen macht, kann zwar differenzieren, diskriminieren jedoch nicht. Es ist auch dieses Ethos, das uns verbindet, ohne uns zu vereinheitlichen.

Zur Erlangung einer Ökumene der Religionen im Geiste des Einen mit vielen Namen ist der dreigliedrige vedāntische Weg ein geeigneter praktischer Schritt: Erstens soll man die religiös-spirituelle Wahrheit empfangen, hören, aufnehmen (shravana). Zweitens soll man über diese so empfangene Wahrheit nachdenken, reflektieren, sie prüfen (manana). Drittens soll man schließlich die empfangene und überprüfte Wahrheit meditativ verwirklichen, sich diese zu eigen machen (nididhyāsana). Denn das bloße Hören und Reflektieren ohne die meditativ-mystische Verwirklichung der Wahrheit ist ein Muster ohne Wert.

Zur Theorie und Praxis einer Ökumene der Religionen gehört wesentlich, daß das Credo des einen Wahren mit vielen Namen und das Credo des einen Glaubens sich gegenseitig bedingen und zwei Seiten des einen Ethos der ewigen Religion darstellen.

Zur Idee einer liberalen Theologie

Die Idee einer liberalen Theologie, die meinen Ausführungen zugrunde liegt und die offenbar auch im Hinduismus verankert ist, läßt sich folgendermaßen beschreiben: Zunächst gilt, daß man an seinem eigenen Glauben ernsthaft festhalten soll. Der ernsthafte eigene

[2] Vgl. Küng, H.: Projekt Weltethos, München 1990.

Glaube wird von der interreligiösen Überzeugung begleitet, daß das wahre Religiöse sich nicht nur in einer einzigen Religion offenbart, sondern in allen Weltreligionen. Wie schon erwähnt, ist stets zwischen der Absolutheit der einen religiösen Wahrheit und der Absolutheit des menschlichen Anspruchs auf sie zu unterscheiden. Wer zwischen dem Anspruch des eigenen Glaubens und dem gleichberechtigten Anspruch der anderen Gaubensformen einen Widerspruch sieht, muß ernsthaft seinen eigenen Glauben überprüfen. Hierbei kann ihm die interreligiöse Haltung den Weg weisen.

Die interreligiöse Liberalität stellt den geschauten Gott dem geglaubten voran und ermöglicht, angesichts einer verworrenen historischen Wirklichkeit, eine Glaubensreinheit, die sich durch Toleranz, Respekt und Anerkennung bewährt und aus dem Nebeneinander der Religionen ein Miteinander macht. So wird die sittlich-religiöse Praxis zum Herzstück einer liberalen Theologie. Das Wort des Evangelisten Johannes „In meines Vaters Haus sind viele Wohnungen" (14,2) zeugt auch von einer Liberalität, die Goethe in einem Brief an Gustchen Stolberg verwitwete Bernstorff vom 17. April 1823 so erweitert: „In unseres Vaters Reiche sind viele Provinzen."

Anhang I

CHRISTENTUM UND HINDUISMUS – PLURALISMUS AUCH IN DER ERLÖSUNGSLEHRE?

Zum Standort beider Religionen

Stellt man das Christentum dem Hinduismus gegenüber, so sind in religiöser Hinsicht große Ähnlichkeiten und erhellende Unterschiede durchaus vorhanden. Obwohl der Hinduismus keine Stifterreligion ist wie der Islam, das Christentum, der Buddhismus usw., ist er dennoch in wesentlichen Zügen theistisch und erkennt auch einen Schöpfergott an, der zugleich als Erhalter und Zerstörer gesehen wird. Gott besitzt eine dreifache Gestalt: Schöpfer, Erhalter und Zerstörer. Diese Dreifaltigkeit heißt in Indien trimūrti.

Das Christentum sieht sich als übernatürliche Religion. Darin ist auch der Anspruch enthalten, die einzig wahre Religion zu sein. Sie ist kein Menschenwerk, sondern gestiftet durch die Offenbarung Gottes. Sie beruht auf einem unmittelbaren Eingriff Gottes in die menschliche und geschichtliche Wirklichkeit. Der Absolutheitsanspruch wird vor allem damit begründet, daß Gott einmalig Mensch geworden ist in Jesus Christus.

Diejenigen, die sich zum Hinduismus bekennen, sehen in ihm die ewige Religion der Menschheit, sanātana dharma. Hierbei ist der Begriff Religion in seinem weitesten Sinne zu fassen, nämlich als eine überzeitliche und ewige Form des absoluten Bewußtseins. Das Phänomen, das wir Urreligiosität nennen, könnte auf eine solche Form des Bewußtseins zurückgehen. Das, was in den indischen heiligen Schriften Brahman genannt wird, ist das Korrelat eines solchen Bewußtseins. Die Wahrheit dieser ewigen Religion ist absolut und stellt keine geteilte Erkenntnis dar. Auf diese Weise unterscheidet man im Hinduismus zwischen absoluter, ewiger Religion und der Vielzahl positiver Religionen. Wenn die ewige Religion die abolute Wahrheit besitzt, dann sind in den verschiedenen positiven Religionen Teilaspekte der absoluten Wahrheit enthalten. Die verschiedenen Richtungen im Hinduismus, das Christentum, der Islam usw. können nach dieser Unterscheidung zu den positiven Religionen gerechnet werden. Auf diese Weise liegt die eine Wahrheit sämtlichen positiven Religionen zugrunde, und keine Religion allein vermag die eine Wahrheit völlig auszudrücken.

Die Unterscheidung zwischen der absoluten, ewigen Religion und den positiven Religionen geht auf die vedischen Worte zurück: ekam sat viprā bahudhā badanti (das, was existiert, ist das Eine, die Weisen benennen es verschieden). Der dogmatische Hinduismus behauptet, daß alle positiven Religionen eine gewisse Wahrheit enthalten, aber er betont, daß die ewige Religion in den Veden manifestiert ist. Damit werden auch die Veden als ewig betrachtet. Dagegen haben sich schon die Buddhisten gewandt und die starren Regeln des religiösen und sozialen Lebens reformiert.

Hinsichtlich der Zeit- und Geschichtsauffassung unterscheiden sich die christliche und hinduistische Lehre sehr. Ein Hindu fragt: Warum kann die Zahl der Gottesinkarnationen nicht unendlich sein? Warum sollte man nicht davon ausgehen, daß Gott sich in allen Ländern und zu allen Zeiten offenbart und inkarniert? So fällt es den Hindus nicht schwer, Christus als Inkarnation Gottes anzuerkennen. Wenn jedoch umgekehrt das Christentum meint, die anderen religiösen Schriften seien nicht göttlicher Herkunft, dann empfinden die Hindus diese Behauptung als beschränkt und engherzig.

Die Hindus betonen die Zeitlichkeit und Geschichtlichkeit der Welt nicht so sehr wie die Christen. Für den Hinduismus ist nämlich der Weltprozeß eine Kette ohne Anfang und Ende. Damit wird die Zeitlichkeit im Sinne der Begrenztheit ausgeschaltet. Auch die Einmaligkeiten verlieren ihre Bedeutung. „Dem ungeschichtlichen indischen Weltbild steht hier also (d. h. im Christentum) ein geschichtliches gegenüber, welches das ganze Weltgeschehen als ein einmaliges Drama auffaßt und deshalb das Leben jedes Menschen nicht als ein Glied in einer endlosen Kette von Existenzen ansieht, sondern annimmt, daß es ein für allemal über die ewige Seligkeit oder über die Verurteilung zu ewigen Höllenstrafen enscheidet".[1]

Die Vielfalt der Glaubensvorstellungen und rituellen Formen, die den anderen Religionen und auch dem Christentum Anlaß zur Kritik bieten, wird von den Hindus als Vorzug ihrer Religionen betrachtet. Sie argumentieren, daß gerade diese Vielfalt der Verschiedenheit der Temperamente, Einstellungen, Anlagen und dem unterschiedlichen Vermögen entgegenkommt. Umgekehrt vermittelt diese Vielfalt den Hindus eine Offenheit. Sie erlaubt ihnen, die Wahrheit in

[1] Glasenapp, H. v.: Die Philosophie der Inder, S. 15.

den anderen Religionen ebenfalls zu sehen und sogar deren Inkarnationen zu verehren. Der indische Religionswissenschaftler Radhakrishnan meint: „Wenn die christlichen Denker zugeben, daß die Menschen Zugang zu Gott haben und gerettet werden können und auch auf andere Weise als durch die Mittlerschaft Jesu, dann wird der Hindu gern die wesentlichen Züge der Religion Jesu annehmen.“[2]

In diesem Zusammenhang ist die Bemerkung eines indischen Oberrichters anläßlich der protestantischen Weltmissionskonferenz in Tambaram, Südindien, im Jahre 1938 verständlich, wenn er von seinem Ideal spricht, innerhalb des Hinduismus ein Anhänger Jesu sein zu dürfen, als Hindu zu Christus beten zu können. Sri Ramakrishna Paramhans besuchte Tempel, Kirchen und Moscheen und betete nicht nur zu den indischen Gottheiten, sondern ebenfalls zu Christus und Allah. Eine ähnliche Haltung finden wir bei Mahātmā Gandhi.

Diese gewissermaßen überkonfessionelle Glaubensbereitschaft der Hindus ist für die meisten Christen und Muslime unverständlich. Sie scheinen eine Klarheit zu verlangen, die sie in ihren eigenen Bekenntnissen vorfinden. Diese überkonfessionelle Bereitschaft der Hindus war den Missionaren ein Dorn im Auge. Sie sahen darin eine Art religiösen Nebel mit mythisch-mythologischer Wirksamkeit. Sie lehnten diese Haltung besonders schroff ab, weil sie fürchteten, daß die christliche Offenbarung ihre Eigenart einbüßen könnte. Für die Hindus bedeutete diese synkretistische Tendenz einen Vorteil. Sie gerieten nie in Gefahr, ihre eigene Religion abstreifen zu müssen. Dies mag einer der Gründe gewesen sein, warum in der langen Geschichte Indiens keine von außen kommende Religion den Hinduismus hat wegmissionieren können.

Für die zentralen Lehren der verschiedenen Richtungen im Hinduismus: Karma-Lehre, Wiedergeburt, Seelenwanderung, Weltgesetz lassen sich keine Parallelen im Christentum finden. Weder für die Christen noch für die Muslime gibt es ein unpersönliches Weltgesetz oder eine Vergeltungskausalität. Für sie kann Vergeltung nur durch ein göttliches Gericht erfolgen.

[2] Zit. in: Glasenapp, H. v.: Die fünf Weltreligionen, S. 368.

Zum Begriff der Erlösung

Terminologisch bedeutet Erlösung das Loslösen von Sünde, Tod, Entfremdung, von Geschiedenheit usw. Dieser negativen Bedeutung steht die positive gegenüber, nämlich das Herstellen der Einheit und des Friedens mit Gott.

Betrachtet man nur das Loslösen, das Freiwerden von etwas, dann läßt sich der hinduistische Sinn der Erlösung folgendermaßen erklären: Erlösung von Wiedergeburt, von der Welt, von māyā, von der Unwissenheit, vom Tode. Positiv ausgedrückt: Erlösung als Wissenheit, vidyā, als Einheit zwischen Ātman und Brahman. Eine Erlösung von den Sünden im christlichen Sinne gibt es nicht.

Daß der Mensch erlöst werden will und erlöst sein möchte, ist offenbar. Also setzt man den Menschen als erlösungsbedürftig voraus. Diese Erlösungsbedürftigkeit muß jedoch als subjektiv zugestanden werden. Damit ist zunächst ein Zustand gemeint, in dem der Mensch sich unvermeidlich vorfindet, in dem er ein Mangelbewußtsein hat. In der Erlösung intendiert er die Aufhebung des Mangels einmal gedeutet als Befreiung, das andere Mal gedeutet als Versöhnung oder Wiederherstellung.

Zur christlichen Erlösungslehre

Nach dem A. T. ist das Bewirken der Erlösung ausschließlich die Angelegenheit Gottes. Seine Allmacht entscheidet, wer erlöst werden wird. Im N. T. ist die Erlösungsvorstellung dadurch gekennzeichnet, daß die Heilserwartung eng mit der Person Jesu verknüpft wird. Der Tod Jesu ist der „Lösepreis für die vielen" (Mk. 10,45).

In der christlichen Interpretation des Daseins wird die Erlösungsbedürftigkeit des Menschen betont. Er kann sich nicht selbst erlösen. Selbsterlösung ist ein nicht-christlicher Begriff. Nach der christlichen Lehre ist der Mensch erlösungsfähig, weil seine Freiheit endlich ist und sein ganzes Leben von der schöpferischen Liebe und Gnade Gottes umgriffen bleibt.

Der Gedanke, daß der Mensch erlösungsbedürftig ist, bedeutet nach christlicher Auffassung, daß der Mensch eine Schuld auf sich geladen hat. Die Erbsünde kann nicht vom Menschen selbst aufgehoben werden, da sie nicht durch einen Verstoß gegen irgendwelche Normen entstanden ist. Sie ist das freie Nein zu Gottes intimer Liebe im Angebot seiner Selbstmitteilung. Nach einem Nein dieser grenzenlosen göttlichen Liebe gegenüber kann der gefallene Mensch von sich aus nicht mit dem Erhalt der göttlichen Liebe rechnen, weil Gottes Liebe zu dem freiheitlichen Nein in einem absoluten Widerspruch steht. Eine solche Schuld muß daher auf Vergebung warten und hoffen.

Erst das Vergeben der Schuld ebnet den Weg zum Heil. Ohne die Vergebung der Schuld ist das Heil als personale Überwindung des Leidens nicht denkbar. Die ganze Seligkeit ist deshalb als eschatologisches Ziel zu denken, als Gabe Gottes an uns Menschen.

Erlösung im christlichen Verständnis darf nicht mit einer subjektiven Gefühlsvorstellung verwechselt werden. Denn sie ist als Erlösungsereignis, Erlösungstat zu denken, die objektiv durch die Gnade Gottes geschieht. So ist Seligkeit mehr als ein Sich-selig-Fühlen.

Jesus Christus wird als das einzige Haupt der ganzen Menschheit angesehen. Die Wiedervereinigung der Menschheit mit Gott in Christus wird daher von der Dogmengeschichte der Soteriologie betont. Diese Bedeutung wird auch Rekapitulationstheorie genannt und geht auf Irenäus zurück. Der von Anselm inspirierte Gedanke wird als Satisfaktionstheorie bezeichnet. Die Erlösung geht primär auf die vom Menschen begangene Schuld zurück. In dieser Schuld lag eine unendliche Beleidigung Gottes, und die Würde des Beleidigten ist unendlich groß. Hieraus ergibt sich die Notwendigkeit einer Wiedergutmachung. Diese kann nur durch einen Gnadenakt Gottes geschehen. Obwohl diese Möglichkeit nicht geleugnet wird, wird der Kreuzestod Christi als vollwertige (condigna), unendliche (infinita) und stellvertretende (vicaria) Genugtuung (satisfactio) für die unendliche Beleidigung, die eben mit der Sünde gegeben ist, in den Mittelpunkt gestellt.

Wie schon erwähnt, geht die Rekapitulationstheorie der Erlösung von Christus als dem neuen Adam aus und stellt die Inkarnation, d. h. die Menschwerdung, ins Zentrum. Die Erlösung wurde hiernach objektiv schon vollzogen, indem Jesus Christus die Kluft zwischen Schöpfer und Geschöpf aufgehoben und die ursprüngliche Einheit zwischen Gott und den Menschen wieder hergestellt hat. Die orthodoxe Theologie weist den Gedanken eines Dualismus zurück, der darin besteht, daß man die Schöpfung als den Fall des Göttlichen in den Stoff und die Erlösung als Befreiung, als Korrektur, als Rücknahme des Göttlichen ansieht. Schöpfung ist kein Fehler Gottes, den er berichtigen mußte. Das Erlösungsverständnis der orthodoxen Theologie meint daher die Wiederherstellung und Vollendung der Schöpfung selbst.

Der Gedanke, der Mensch sei gefallen, gehört zum Kern der christlichen Erlösungslehre. Im Anschluß an die paulinische Lehre wird die Redemptionstheorie, auch Loskauftheorie genannt, entwikkelt. Nach ihr ist der gefallene Mensch Eigentum des Teufels. Der Tod Christi ist ein Opfertod. Christus gibt dem Teufel sein Leben als Lösegeld (Mk. 10,45) für dessen Eigentum. Hier erhebt sich die Frage, ob der gefallene Mensch immer wieder durch einen solchen Opfertod gerettet werden muß. Dazu meint die christliche Theologie: Da der Teufel vom unsterblichen Leben Jesu nichts wußte, wird er selbst durch die Auferstehung Christi überwunden. Nimmt man diese Erklärung an, dann erübrigt sich die Frage: Was wäre geschehen, wenn der Teufel vom unsterblichen Leben Jesu gewußt hätte?

Auch die Satisfaktionstheorie oder Sühneopfertheorie sieht den Tod Christi als Genugtuung für die Sünde der Menschheit der göttlichen Gerechtigkeit gegenüber. Betont man nur die objektive Erlösung, die eben durch den Tod Christi stattgefunden hat, so läuft man Gefahr, daß man die subjektive Aneignung der göttlichen Gerechtigkeit Christi wenig beachtet. Wie sonst könnte man verstehen, daß Bekehrung manchmal als Vergegenständlichung der Erlösung betrachtet wird. Mit der Taufe, so meinen viele, ist die Seele des Getauften gerettet.[3]

Das Eigenartige an der christlichen Erlösungslehre besteht darin, daß der „Beleidigte" selbst letzthin der Vergebende ist. Dies wird verständlich, wenn man die endlose Würde, Liebe und Barmherzigkeit in Betracht zieht. Die Abhängigkeit des Menschen von Gott ist total.

Nach herrschender Ansicht christlicher Theologen ist das Ereignis des Kreuzes eine auf uns zielende Bezeugung der vergebenden Liebe Gottes, die uns dann wiederum dazu bewegt, an die uns von Gott geschenkte Liebe zu glauben und Gott zu lieben. Das Ereignis des Kreuzes ist so als Ursache unseres Heils anzuerkennen.

Das Erlösungswirken Christi möchte den gefallenen Menschen zu dem für Gott liebenswerten Menschen machen. Dabei geht es nicht

[3] Es bleibt anzumerken, daß eine solche Bekehrung weder dem Bekehrten, weil der eigentliche innere subjektive Vollzug fehlt, noch dem wohlverstandenen Ziel der Mission dient; denn es geht nicht darum, daß man unbedingt die Konfession wechselt, sondern daß die Missionierung eine Herzensveränderung, eine Haltungsänderung erreicht. Die ungeheure Missionstätigkeit früherer Jahre erbrachte nur magere Resultate. Betrachtet man nur die Zahl der Getauften, dann begibt man sich in Gefahr, die religiöse Substanz der christlichen Botschaft zu verlieren.

nur um die Seele, sondern um den ganzen Menschen (Seele und Leib). Daß Christus kommen und durch seinen Tod die Menschheit erlösen mußte wird durch das Konzil von Trient folgendermaßen begründet: Die Heiden – gemeint sind die Nicht-Christen – waren nicht in der Lage, sich durch die Kraft der Natur zu befreien. Auch die Juden konnten sich nicht durch die Buchstaben des Gesetzes von der Sünde befreien. Damit ist das Kommen Christi klargestellt. Es dient von vornherein dem Zweck, der Erlösung genannt wird. Die Frage, ob Christus auch dann Mensch geworden wäre, wenn Adam nicht gesündigt hätte, läßt sich entweder erst gar nicht stellen oder kaum beantworten. Denn die Situation des Gefallenseins, in der wir uns befinden, ist unser Ausgangspunkt.

Durch seinen Opfertod, dessen Höhepunkt das Sterben am Kreuz war, hat Christus nicht nur die objektive Wiederversöhnung vollzogen, sondern auch gezeigt, daß es sein Weg ist, der zur Lebensgemeinschaft mit Gott führt. Der Opfertod bildet den Abschluß des Erlösungswerkes. Die Auferstehung jedoch seine Vollendung. Die folgenden drei Sätze: Christus ist der wahre Mensch. Er hat die Menschheit erlöst. Er hat den Tod besiegt, gehören zusammen.

Die Bedeutung der Erlösung erschließt sich durch den Kreuztod und den Auferstandenen. Auch unsere Auferstehung wird dabei deutlich. Menschwerdung und Erlösung müssen in unmittelbarem Zusammenhang gesehen werden; denn das Menschwerden ist nur in der Notwendigkeit der Erlösung begründet. Die Erlösungsbedürftigkeit geht auf Sünde und die Sünde auf das freie Nein zu Gottes Liebe zurück. Die Meinungen darüber, ob die Erlösung der einzige Grund für das Menschwerden Christi war, gehen weit auseinander. Thomas von Aquin und seine Anhänger bejahen diese Frage, während Duns Scotus und seine Anhänger anderer Meinung sind.

Der Weg zum Heil

Der Sinn des Opfertods darf nicht nur intellektuell begriffen, sondern muß auch innerlich vollzogen werden. Das bloße wiederholte Sagen, Christus habe die Menschheit erlöst, reicht nicht hin. Als Wegweiser ist der Kreuzestod Christi zu verstehen.

Das Heilsgeschehen wird ausschließlich durch die Kirche verkündet. Rechtgläubigkeit wird damit zur Vorbedingung der Erlösung. Die katholische und auch die orthodoxe Kirche verstehen bzw. verstanden unter Glauben primär die feste Überzeugung von der Richtigkeit der einmaligen Offenbarung Gottes in Christus, d. h. in der christlichen Lehre. Die Heiden sind von dieser Rechtgläubigkeit ausgeschlossen.

Der Protestantismus legte immer schon den Schwerpunkt im Begriff des Glaubens etwas anders. Das bloße Für-wahr-Halten (fides quae) ist nicht das Wesen des Glaubens. Der Glaube ist vielmehr das durch Gotteswort geweckte Vertrauen in seine Gnade (fides qua), die die Vergebung der Sünden bewirkt. Diese Gnade kann der Mensch nicht herbeiführen. Sie ist ein Geschenk des barmherzigen Gottes an uns Menschen, auf seiner unendlichen Güte gründend. Der Glaube ist nicht Werk oder Verdienst des Menschen, sondern Wirkung des Heiligen Geistes.

Nach katholischem Verständnis ist die Gnade Gottes eine Voraussetzung des Heils. Der Mensch ist nur ein schwaches Wesen; dennoch soll, kann und muß er am Heilsprozeß mitwirken.

Die Reformatoren sehen den Menschen von Natur aus als unfähig an, Gutes zu tun. Der Mensch ist daher ganz auf die Gnade Gottes angewiesen (Joh. 15,5; Phil. 2,3). Nach Calvin ist Gott der unumschränkte Herr. Nach ihm vermag das menschliche Streben nichts auszurichten. Er betrachtet den Sündenfall als von Gott vorgeplant. Diese Härte ist zugleich die Stärke Calvins gewesen. Luther, der ebenfalls die Unselbständigkeit des Menschen hervorhebt, weist die Prädestination zur Verdammnis zurück. Die Menschen tragen die Schuld an ihrer Unseligkeit, wenn sie die von Gott angebotene Gnade nicht annehmen.

An zahlreichen Stellen in der Bibel wird klar und deutlich gesagt, daß der Glaube an Christus die einzige Möglichkeit ist, Erlösung zu erlangen. „Niemand kommt zum Vater, denn durch mich" (Joh. 14,6). „Wer da glaubt und getauft wird, der wird selig werden, wer aber nicht glaubt, der wird verdammt werden" (Mk. 16.16).[4] Manchmal scheint Johannes in seinem Eifer noch weiter (oder zu weit?) zu gehen, wenn er sagt: „Wer nicht in der Lehre Christi bleibt, der hat keinen Gott ... So jemand zu euch kommt und bringt diese Lehre nicht, den nehmt nicht ins Haus und grüßt ihn auch nicht. Denn wer ihn grüßt, der macht sich teilhaftig seiner bösen Werke" (2. Joh. 9ff.).

[4] Glaube und Taufe werden hier zusammen genannt. Der Glaube ist – und sollte auch sein – die Vorbedingung für die Taufe und nicht umgekehrt. Dies scheint auch die Schrift zu belegen; denn in den oben zitierten Zeilen wird der Glaube zweimal und die Taufe nur einmal genannt. Die religionspädagogischen und missionarischen Konsequenzen daraus mag jeder für sich ziehen.

Zum Erlösungsbegriff im Hinduismus

Das Gefühl einer totalen Abhängigkeit von Gott offenbart eine demütige Haltung, die bereits in den Veden zu finden ist. In den Purānas ist der Weg zur Erlösung durch Liebe zu Gott, bhakti, beschrieben. Die Erlösung, moksha, bedeutet das Freiwerden. In den Upanishaden wird auf die ursprüngliche Einheit zwischen Ātman und Brahman, der Seele und dem Höchsten, hingewiesen. Der Weg der Liebe verlangt von den Menschen Dienst und Demut, um auf diese Weise die Befreiung von den Ketten des Sinnenhaften, des Persönlichen, der Enge und der Endlichkeit der Welt zu erlangen. Das begrenzte, individuelle Selbst kann keine letzte Wirklichkeit darstellen. Deshalb das Streben nach Wissenheit, nach Einheit von Ātman und Brahman.

Der Zustand der Befreiung wird als das Eingehen in das Höchste betrachtet. Erlösung bedeutet den Zustand der Wonne (ānanda), in dem das Geschöpf als Geschöpf aufhört zu bestehen. In der Vollkommenheit des Ewigen enden alle Bewegungen, alle Taten. Dies ist die negative Beschreibung der Erlösung. Die positive Beschreibung weist auf die Einheit der Seele mit dem Brahman hin. Die Erlösung beendet die Kette von Geburt und Tod. Auch hier ist der Tod durch Erlösung zu überwinden. Da die Unwissenheit sehr groß ist, reicht ein einzelnes Leben nicht aus, um die Wissenheit zu erlangen. Deshalb gibt es im Hinduismus die Lehre von der Wiedergeburt.

Der Advaita-Vedānta von Shamkara geht von der Identität, der Unzweiheit von Ātman und Brahman aus. Die Erlösung ist dann die Verwirklichung dieser Identität, die zwar nie verlorengeht, wohl aber durch Unwissenheit verborgen bleibt. Das Verborgensein wird mit Hilfe des Begriffs māyā beschrieben. Der Māyā-Schleier muß überwunden werden, um Erlösung zu erlangen. Sobald die Unwissenheit abgelegt ist, wird die wahre Natur der Seele erkannt. Wohlgemerkt, der Zustand der Erlösung ist nichts Zukünftiges, was später erst beginnt oder erst hergestellt werden muß, sondern vielmehr die Verwirklichung dessen, was immer schon war, nämlich die Einheit von Ātman und Brahman.

Für Shamkara gibt es nicht nur die Erlösung nach dem Tode, sondern auch die Erlösung für die Lebenden (jivan-mukti). Erlösung bedeutet nicht das Verschwinden der Welt; denn dann hätte sie bereits beim ersten Erlösungsfall verschwinden müssen. Die Welt bleibt vielmehr so, wie sie ist. Nur unsere Haltung zu ihr ändert sich völlig. Die erlöste Seele nimmt die Gestalt ihres wahren Selbst an. Die Vielheit wird nicht aufgehoben, nur der Sinn für die Vielheit wird beseitigt. Diese neue Einstellung zur Welt ändert an dieser nichts; sie bewirkt jedoch das Verschwinden einer falschen Schau. Der Zustand der Erlösung kann nicht mit Hilfe der empirischen Kategorien beschrieben werden. Die Wonne, die mit der Erlösung erreicht und erfahren wird, ist unaussprechlich.

Der Theismus Rāmānujas versteht unter Erlösung kein Verschwinden des Selbst, sondern nur dessen Befreiung von allen Schranken, die es begrenzt haben. Rāmānuja betrachtet die religiöse Erfahrung als die höchste Erkenntnis, die, wie er behauptet, ein Anderes voraussetzt. Die erlöste Seele wird nicht selbst Gott wie bei Shamkara, sondern sie erlangt Anteil am Wesen Gottes. Das Wesen der Erlösung ist nicht die Identität mit Gott, sondern dessen Nähe (sānidhya). Die erlöste Seele wird allwissend und besitzt ewig die Intuition Gottes. Die Freiheit der erlösten Seele besteht dann in dem Losgelöstsein vom Karma-Gesetz. Für Rāmānuja gibt es keine Erlösung für lebende Menschen. Man erlangt die Gemeinschaft Gottes erst, wenn man den Körper abgelegt hat. Die Vishishtādvaita-Schule von Rāmānuja unterscheidet zwei Klassen von Erlösten: diejenigen, die Gott auf Erden und auch im Himmel dienen, und diejenigen, die das Ziel der Erlösung durch ständige Meditation über das Wesen ihrer eigenen Seele erlangen.

Für alle religiösen Richtungen im Hinduismus ist die Karma-Lehre von größter Bedeutung. Die Unwissenheit bewirkt Karmas, und Karmas leiten ein neues Leben ein, d. h., sie bewirken die Wiedergeburt. Erlösung bedeutet damit die Überwindung des Karma-Gesetzes, was auf verschiedenen Wegen geschehen kann. Nicht alle Richtungen des Hinduismus lehnen den Gedanken der Fremderlösung ab. Die meisten vaishnavistischen und saivistischen Schulen vertreten die Ansicht, daß der schwache Mensch von sich aus nicht imstande sei, sich von der Welt zu befreien. Nur die Liebe und die Gnade Gottes vermag dies. Glaube, Liebe und Demut sind die Vorbedingungen, die Hilfe Gottes zu erlangen. Der Mensch muß sich voller Vertrauen auf Gott verlassen.

Die Lehre des Vaishnavismus kommt der christlichen Lehre sehr nahe, weil auch sie die Erlösung durch Gottes Gnade predigt. Im wesentlichen werden zwei Weisen der Erlösung unterschieden, die bildhaft wie im Synergismus der christlichen Lehre als der Affenweg und wie im Monergismus als der Katzenweg beschrieben werden. Der Affenweg verlangt, daß der Mensch an seiner Erlösung tatkräftig mitarbeiten muß; nur wenn er sich an Gott klammert, darf er hoffen, daß er von Gott gerettet wird. So wie die junge Katze von der Katzenmutter vom Ort der Gefahr weggeschleppt wird, vermag der Fromme sich nicht durch Liebe und Verehrung das Heil zu verdienen. Er hängt vielmehr ganz von der Gnade Gottes ab.

Manche anderen Schulen vertreten dagegen die Meinung, daß der Mensch sich selbst erlösen könne. Die Erkenntnis des wahren Wesens, die nicht bloß mit dem Intellekt geschieht, macht es dem Menschen möglich, alle Leidenschaften zu besiegen. Ist dies erreicht, dann gibt es keine Karma-Serie mehr, die Tod und Wiedergeburt einleitet.

Der Gedanke einer Welterlösung scheint dem Hinduismus mehr oder weniger fremd zu sein. Das Rad des Lebens wird nie aufhören, sich zu drehen; denn es gibt unendlich viele Lebewesen. Die Erlösungsfähigkeit der Menschen wird nicht geleugnet. Die moderne Reformbewegung des Āryasamāj vertritt die Ansicht, daß die Erlösten, nachdem sie sich eine Zeitlang der Seligkeit erfreut haben, wieder auf die Erde zurückkehren. Weil es nicht unendlich viele Seelen gibt, müssen sie in das weltliche Dasein zurückkehren. Andernfalls wäre der unendliche Weltprozeß nicht denkbar.

Die vier Wege zur Erlösung

Um die Erlösung zu erlangen, folgen die Menschen verschiedenen Wegen. Sie sind so zahlreich und verschieden wie die Flüsse, die zum Ozean fließen, und der Ozean ist ein Bild für das gemeinsame Ziel. In der Gitā wird von den verschiedenen Wegen zu Gott berichtet. Dort heißt es: „Versuche, mich zu erkennen. Wenn du jedoch nicht fähig bist, deinen Geist fest auf mich zu richten, so übe yoga. Kannst du auch dies nicht, so versuche, mir zu dienen, indem du mir all dein Tun weihst. Und sollte dir auch dies zu schwer sein, so erfülle deine Pflicht ohne Rücksicht auf die Folgen und gib alles Verlangen nach den Früchten deines Tuns auf."[5]

Die hier erwähnten Wege sind: 1. der Weg der Erkenntnis, jnāna-mārga, 2. der Weg der Liebe, bhakti-mārga, 3. der Weg der Tat, karma-mārga, und 4. der yoga-mārga, der Weg der Übung, Versenkung, Meditation. Diese Wege zur Erlösung stehen gewissermaßen gleichberechtigt nebeneinander. Es bleibt dem einzelnen überlassen, wel-

[5] Radhakrishnan, S.: Indische Philosophie, Bd. 1, S. 490.

chen dieser vier Wege er je nach seiner Anlage, seinem Temperament, seinem Interesse, seiner Vorbildung beschreitet.

Der Pfad der Erkenntnis:

Das Ziel aller indischen Religionen ist die Realisation des Ewigen, des Brahman. Wie in der Gitā berichtet wird, ist Gott selbst Wirklichkeit, Wahrheit und Wonne (sat, cit und ānanda). Als Krishna gefragt wurde, welchen Weg er selbst einschlagen wolle, um Erlösung zu erlangen, meinte er, daß die verschiedenen Wege eigentlich nicht völlig verschieden seien. Sie hätten alle ein gemeinsames Ziel und könnten sich kreuzen.

Die Erkenntnis, die zur Erlösung führt, ist kein intellektuelles Erfassen der Einzelheiten, sondern vielmehr Intuition, Schau, Verwirklichung des Ganzen, des Brahman. Die Wahrheit, die uns noch verborgen ist, soll subjektiv realisiert werden. Dazu bedarf es der Läuterung von aller Ichsucht. Ajñāna steht für Irrtum und geistige Blindheit. Sobald man die Blindheit durch jñāna überwunden hat, ist man als der Wissende zugleich auch ein Gläubiger. Die Erkenntnis ist in diesem Zusammenhang nicht als wertneutral und auch nicht ohne Moral zu sehen. In der Gitā wird diese Erkenntnis als allumfassende Schau beschrieben.

Der Weg der Liebe:

Bhakti bedeutet die rechte Ausrichtung des menschlichen Gefühlslebens. Mit dem ganzen Gemüt wenden wir unsere Liebe zu Gott und zugleich zu den Mitmenschen als den Kindern Gottes. Es ist ein anderer Weg als der des Erkennens und Tuns. Ohne Liebe und Demut sind wir im Egoismus gefangen. Der bhakti-Weg steht auch den Schwachen, Ungebildeten und Unwissenden offen. Die Liebe zu Gott bedeutet das völlige Sich-Unterordnen, das Sich-Ergeben in die göttliche Absicht.

In der Gitā spielt die Bhakti-Lehre eine zentrale Rolle. Die Herkunft dieses Weges zur Erlösung läßt sich bis zu den Veden zurückverfolgen. Die Liebe zum Höchsten bedingt einen persönlichen Gott. Der Gott der Liebe, der uns Gnade schenkt, ist nicht das absolute Brahman Shamkaras, sondern er ist ein Wesen voller Segen und Herrlichkeit. Dieser Gott ist der Welt zugewandt und spielt die Rolle eines persönlichen Helfers und Retters. In der Liebe zu Gott können die Folgen der Taten überwunden werden. Dies bedeutet jedoch nicht, daß dadurch das Karma-Gesetz aufgehoben wird. Gerade dieses Gesetz bewirkt, daß Liebe und Demut ihren Lohn empfangen.

Nach der Gitā läßt sich das Wesen der Liebe zu Gott nicht beschreiben. Dennoch vermag man einige Merkmale anzugeben. Sie ist Verehrung von etwas, was als vollkommen betrachtet wird. Die menschliche Liebe, in der der Mensch über sich hinauswächst, ist eine Form der Liebe zu Gott. Gott zu verehren und Menschen zu verachten, ist ein Widerspruch. Der Verfasser der Gitā betont immer wieder, wie Gott in jedem einzelnen Wesen lebt. Das Höchste kann dem individuellen Bewußtsein nicht vollkommen fremd sein; denn dann könnte der Mensch weder Gott anbeten noch verehren. Gott kann jedoch auch nicht mit dem einzelnen Wesen identisch sein; denn dann wäre ein Du-Ich-Verhältnis nicht möglich, und es gäbe keinen Gottesdienst. Auf diese Weise vermeidet der Pfad der Liebe die beiden Extreme der völligen Verschiedenheit und der totalen Identität.

Der Gläubige, der Gott in Liebe dient, heißt Bhakta. Er vertraut völlig auf Gottes Gnade. Er unterwirft sich Gott völlig. „Laß mich dein Denken sein! Laß mich dein Lieben sein! Laß mich dein Opfern sein! Huldige mir! Dann – so wisse – wirst du zu mir gelangen, weil du mir teuer bist ... nimm mich als deine einzige Zuflucht; sorge dich nicht, denn ich will dich von allem Übel erlösen“, heißt es in der Gitā.[6]

Ferner heißt es in der Gitā, daß der eine unendliche Gott, die eine unendliche Wahrheit durch die verschiedenen Aspekte erreicht und verehrt werden können. Auf diese Weise entwickelte der Hinduismus eine Duldsamkeit, die zu einer Synthese der verschiedenen Arten von Frömmigkeit, Glaubenserfahrung, Offenbarung usw. führte. Diese Synthese stellt kein Konstrukt dar. Sie ist vielmehr eine Ausformung des Lebens aus der Vorstellung heraus, daß die eine Wahrheit viele Gesichter trägt.

Bhakti bedeutet nicht untätige Versenkung und das Sichabwenden vom Leid der Welt. Tilak zitiert hierzu aus dem Vishnu-Purāna: „Diejenigen, die sich von allen ihren Verpflichtungen abwenden und sich niedersetzen, um immer wieder den Namen Krishna zu wiederholen, sind in der Tat Feinde Gottes und Sünder. Der Herr selbst kam ja auf die Welt hernieder um der Gerechtigkeit willen.“[7]

Der Weg der Tat:

Karma bedeutet Handeln oder Tätigsein. Damit ist jedoch ein frommes Dienen im Namen des Höchsten gemeint. Mahātmā Gan-

[6] Zit. in: Radhakrishnan, S.: Indische Philosophie, Bd. 1, S. 478.
[7] Ebd., S. 481.

dhi folgte diesem Weg. Dieser Weg bedeutet eine Lebensführung, durch die der Fromme sein Ziel zu erreichen vermag, in der die gute Erkenntnis in die Tat umgesetzt wird.

In der Gitā heißt es, daß man durch das Handeln mit der Welt in Beziehung tritt. Der eigentlich Handelnde ist jedoch nicht das individuelle Selbst, sondern vielmehr Gott, der durch den Handelnden wirkt. Damit geschieht das fromme Dienen durch Lenkung aus Gottes Gnade. Das Rechte soll getan werden, und das Rechte besteht in dem, was unsere Verwandtschaft mit Gott, mit den Menschen und der Welt ausdrückt. Unrecht ist das, was dieser Verwandtschaft widerspricht.

Das Handeln ist erst ein wahres Tun, wenn es ohne das Trachten nach Lohn geschieht. Es muß ein selbstloses Tun sein. Nicht die Enthaltsamkeit von allem Tun ist das wahre Gesetz des Handelns, sondern dessen Selbstlosigkeit. Bis zur Erlösung müssen wir handeln. Unsere Handlungen sind das Wirken des Göttlichen. Immer wieder mahnt die Gitā zu einem interessenlosen Tun. Zur Pflicht des Erlösten gehört, den anderen auf ihrem Weg zur Erlösung zu helfen. Die Gitā interpretiert die vedische Opfertheorie um, indem sie als wahres Opfer die Aufhebung der Ichsucht betrachtet.

Der Yoga-Weg:

Auf diesem Weg führt die Meditation zur Erlösung. Yoga bedeutet eigentlich Einheit; gemeint ist die Einheit zwischen dem wahren Selbst und Gott. Der Weg der Konzentration, den der Yogi einschlägt, führt zur Realisation der ursprünglichen Einheit. Eine vollkommene Konzentration physischer und geistiger Natur vermag Wunderbares zu bewirken. Die Sutren von Patañjali untersuchen und beschreiben diesen Pfad systematisch. Die Gitā erwähnt die wesentlichen Stufen der yogischen Schulung: 1. die Läuterung des Geistes, des Körpers und der Sinne, um das Göttliche in den Blick zu bekommen, 2. die Konzentration oder das Abwenden des Bewußtseins von den verschiedenen Streuungen und die Ausrichtung auf das Höchste, 3. die Gleichsetzung, das Einswerden mit dem Höchsten, wenn wir es erreichen.

Für den Pluralismus der Wege zur Erlösung liefert der Hinduismus die folgende Erklärung: Weil die Menschen einander in Temperament, Anlagen, Interessen, Entfaltungsstufe, Bildung usw. nicht gleichen, müssen sie das Höchste auf verschiedenen, ihnen gemäßen Wegen erreichen. Die Seligkeit ist wichtiger als der Weg zu ihr. Die Verschiedenheit der Wege impliziert nicht unbedingt die Verschiedenheit der Ziele.

Abschließende Bemerkungen

1. Einigt man sich darüber, daß die Erlösung die Wiederherstellung der ursprünglichen Einheit darstellt, so kann man trotz der grundsätzlichen Unterschiede (wie Erbsünde, der gefallene Mensch, avidyā, Gott, Brahman, Zeit, Kreation usw.) von einer Gemeinsamkeit zwischen den christlichen und hinduistischen Auffassungen sprechen

2. Das biblische und insbesondere das neutestamentliche Verständnis der Erlösung als Fremderlösung, als ein von außen herkommender göttlicher Eingriff zum Heil des Menschen, ist auch im Hinduismus vorhanden, jedoch nicht mit der Ausschließlichkeit wie im Christentum. Den Begriff Selbsterlösung kennt das Christentum im Gegensatz zum Hinduismus nicht.

3. Die Gnadenlehre des Vaishnavismus kommt der christlichen Lehre am nächsten; denn auch diese Richtung des Hinduismus predigt Erlösung nur durch Gottes Gnade.

4. Von den vier Erlösungswegen des Hinduismus ist der bhakti-Weg der christlichen Lehre am nächsten. Die anderen drei Wege sind dem Christentum mehr oder minder fremd.

5. Die Lehren von der Karma-Theorie, der Wiedergeburt, der Seelenwanderung, der Kastenordnung finden keine echten Parallelen im Christentum.

6. Es gibt im Hinduismus keine Sündenlehre im biblischen und christlichen Sinne. Sünde ist für die Hindus höchstens ein Übel, eine Privation und stellt eine grundsätzlich überwindbare Eigenschaft des menschlichen Daseins dar.

7. Daß Gott sich unter zahllosen Namen offenbart und diese Offenbarung unendlich ist, ist dem Hinduismus und nicht dem Christentum eigen.[8] „Eine Jagd", schreibt Radhakrishnan, „auf Irrlehren, beliebt in vielen Religionen, ist dem Hinduismus ganz fremd."[9] Von

[8] „So wie der Hindu sollte auch der Christ", schreibt Halbfas, „die vielen Vorstellungen von Gott nicht als richtig und falsch unterscheiden und nicht eine bestimmte Idee als Muster und Vorbild für die ganze Menschheit beanspruchen." Halbfas, H.: Fundamentalkatechetik, Düsseldorf ^{3}1970, S. 239.

[9] Radhakrishnan, S.: Weltanschauung der Hindu, Baden-Baden 1961, S. 35.

einem Hindu, der zum Christentum übergetreten war, wird erzählt, er sei sonntags in die Kirche und freitags in den Kalitempel gegangen. Als der Missionar ihn fragte, ob er denn kein Christ sei, habe er geantwortet, daß er natürlich ein Christ sei, aber ob das dann bedeute, daß er seine Religion geändert habe.[10]

8. Die provokative Frage, ob es in der Erlösungslehre einen Pluralismus gebe, ist sicherlich zu bejahen.

Läßt man in der Politik und in der Gesellschaftslehre den Pluralismus zu – mag dieser noch so verschieden erklärt, begründet und gerechtfertigt werden –, dann ist doch wohl zu fragen, ob nicht auch auf der religiösen Ebene des Bekenntnisses ein Pluralismus zugestanden werden muß. Dies jedoch nicht nur deswegen, weil man empirisch an dessen Feststellung nicht vorbeikommt, sondern auch wegen der Verschiedenheit der Menschen: ethnisch, geographisch, kulturell, gesellschaftlich usw. Dies soll nicht heißen, daß dadurch eine Religion, eine Glaubensform ihren universalen Charakter verliert. Denn Universalität ist sicherlich nicht numerisch oder statistisch festzumachen.

Die Verschiedenheit der Temperamente und Anlagen der Menschen fordert geradezu (fast a priori) einen solchen Pluralismus. Gerade der Unendlichkeit Gottes entspricht eine vielfältige Harmonie. In der Tat wäre die Welt viel ärmer, wenn es nur einen einzigen Glauben, eine einzige Religion gäbe.

[10] Ebd., S. 55.

Anhang II

EINE SCHEMATISCHE DARSTELLUNG DES HINDUISMUS IM INTERRELIGIÖSEN WELTKONTEXT

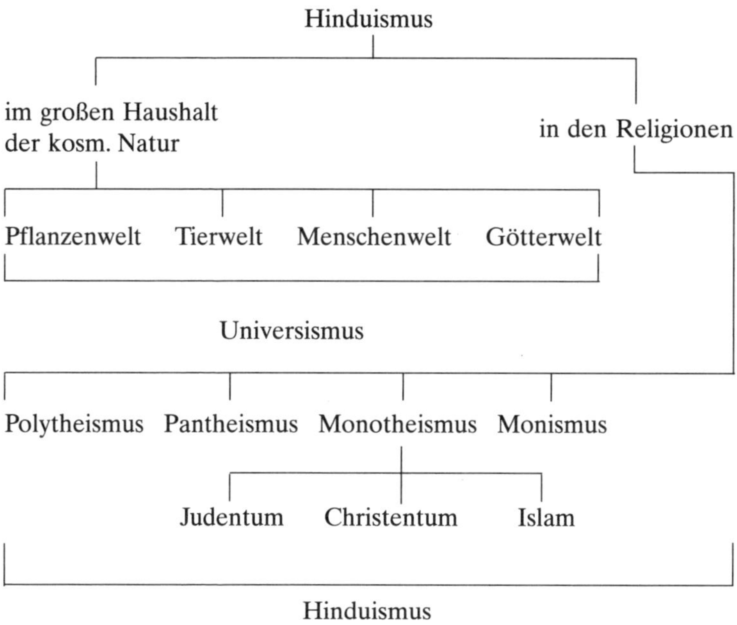

Während das Judentum, das Christentum und der Islam sich innerhalb und diesseits der Chiffren des einen Gottes bewegen oder in ihrem Selbstverständnis den einen Gott ausschließlich nur für sich beanspruchen, erstreckt sich der Hinduismus von den Chiffren der Pflanzenwelt über die der Tier-, Menschen- und Götterwelt bis hin zu den Chiffren des einen Gottes und sogar noch darüber hinaus bis hin zur Überwindung aller Chiffren in der Nicht-Zweiheitslehre des Advaita-Vedānta von Shamkara.

Der Geist der Ökumene ist untrennbar verbunden mit dem Geist des einen Wahren in seinen vielen Bezeichnungen. Wer sich die Kultur eines solchen Geistes zu eigen gemacht hat, sieht die Kurzatmigkeit und die unzulässige Vorurteilsnahme der begrifflich-nominalistisch zwar sauberen, aber in der Sache anmaßenden Unterscheidungen zwischen Heiden und Rechtgläubigen, Natur- und Kulturreligion, Selbsterlösung und Fremderlösung, Offenbarungsereignis und mystischer Erfahrung u. dgl.

Die ökumenische Theologie des einen Wahren mit seinen vielen Erscheinungsweisen geht den jeweiligen Theologien der unterschiedlichen Religionen nicht nur voraus, sondern begleitet diese und verleiht ihnen Demut, Bescheidenheit, Kraft und Toleranz, zu glauben und glauben zu lassen.

Nachwort

HINDUISMUS UND DAS HEUTIGE INDIEN

Für die Kulturtheoretiker und vergleichenden Religionswissenschaftler ist der inter- und der multikulturelle und multireligiöse Subkontinent Indien bis heute ein faszinierendes Land geblieben. Indien wird mehr romantisch geliebt und gelobt als begriffen und verstanden.

Daß eine multikulturelle und multireligiöse Gesellschaft nicht ohne Spannungen auskommt, ist eine gängige Beobachtung. Dies um so mehr, wenn man bedenkt, daß es in vielen anderen Erdteilen jeweils innerhalb derselben Religion Jahre andauernde Religionskriege gegeben hat und gibt.

Die Multireligiosität Indiens ist immer eine latente sozial-politische Herausforderung gewesen, die in die Zeiten der ersten Eroberer Indiens, nämlich der Ārier, zurückreicht. Diese wurde jedoch im Zaume gehalten durch die Herrschaftsstruktur, die zwar den Hinduismus und die Hindu-Kultur nicht vollständig unterdrückte, jedoch diese auch nicht förderte. Hindus waren selten Herren im eigenen Hause in der langen Geschichte der unterschiedlichen Fremdherrschaften. Ganz zu schweigen von den eigentlichen Ureinwohnern, den Ādivāsis, die bis heute Fremde im eigenen Land geblieben sind.

Es ist zwar zu bejahen, daß der Hinduismus sich heute in einem von der fremden Herrschaft befreiten Land befindet, aber abzulehnen und zu verurteilen ist die rigorose Politisierung des sonst sehr toleranten Ethos des Hinduismus, das, trotz vieler häßlicher Merkmale, von dem einen Wahren unter vielen Namen ausgeht. Es gab und gibt immer noch eine Art Multireligiosität und Multikulturalität in Indien. Dieses Land ist immer in gewissem Sinne ein Experimentierfeld gewesen, jeweils mit mehr oder weniger Erfolg. Keine multireligiöse Gesellschaft ist möglich ohne die Haltung der Interreligiosität. Keine Religion, keine Kultur ist die einzig wahre für die gesamte Menschheit. Wer dies einsieht, besitzt die Kultur der Interkulturalität und der Interreligiosität.

Hans Küngs ›Projekt Weltethos‹ geht von der schicksalhaften Notwendigkeit eines normativen Weltethos aus, das unterschiedliche Religionen und Kulturen wie ihren Schatten begleitet und ein Band für einen möglichen Dialog der Religionen knüpft. Eine der zentralen Aussagen der Küngschen Lehre vom Weltethos ist der Satz: Kein Weltfriede ohne Religionsfriede.[1] Daß diese Aussage noch wahrer und pointierter nicht hätte getroffen werden können, belegt die heutige globale Weltsituation, sei es in Indien oder anderswo.

Der indische Subkontinent macht heute von sich reden, indem er die Religion bis zur Perversion politisiert und von dem verbindlichen Weltethos nichts wissen will, das mehr oder minder in dem ethisch-moralischen Kern einer jeden Religion zu finden ist. Gandhi ging in die Politik, weil er religiös war. Den heutigen Politikern vermag man dieses Motiv nicht zu unterstellen.

Die religiös-politischen und sozial-ökonomischen Feindseligkeiten auf dem indischen Boden heute haben eine lange Geschichte. Eine solche historisch-kausale Diagnose hilft uns jedoch wenig, auch wenn sie eine zutreffende Erklärung liefern kann. Worauf es ankommt, ist die Therapie, und diese besteht darin, daß der Mensch, welcher Religion er auch anhängen mag und will, den Anspruch seiner eigenen Religion nach außen für alle Menschen aufgibt. Für den Betreffenden selbst behält dieser Anspruch jedoch seine absolute Geltung.[2] Der Mensch mag an dem Universalismus seiner Religion im Sinne einer Forderung festhalten, aber er soll nicht darunter leiden, daß es Andersgläubige gibt. Wer den Universalismus hingegen exklusiv versteht, ist im Grunde genommen ein Fundamentalist.

In dem Nachwort möchte ich ganz kurz das Gandhische Verständnis des Hinduismus, dem ich im ganzen zustimme, darstellen, um damit einen möglichen Ausweg aus der indischen Krise zu zeigen. Die heutige indische Krise trägt die Maske des Multireligiösen, obwohl eine tiefere Analyse auch auf Ursachen wie Armut, Arbeitslosigkeit, Korruption u. dgl. hinweist. Die politische Verwirrung und der chaotische Zustand der Wirtschaft tun das Ihrige dazu. Ein tragfähiges indisches Nationalgefühl kann sich nicht an *einer* Religion, Sprache oder Kultur dingfest machen. Die scheinbar verwirrende Pluralität kann von einem überlappenden Gefühl des Einen mit vielen Namen getragen werden.

Sowohl Gandhi als auch sein Mörder Godse waren Inder, waren

[1] Vgl. Küng, H.: Projekt Weltethos. München 1990. Mall, R. A.: Philosophische Reflexionen zum „Projekt Weltethos". In: Hofgeismarer Protokolle, hrsg. von B. Jaspert, 299, 1993, S. 34–68.

[2] Vgl. Mall, R. A.: Der Absolutheitsanspruch – Eine religionsphilosophische Meditation. In: Loccumer Protokolle, 7/91, S. 39–53.

Hindus und handelten aus religiösen Motiven. Es klingt paradox, es ist jedoch wahr. Wie ist dieser Widersinn zu verstehen? Es kann sich doch wohl nicht um denselben Hinduismus handeln. Der höchste Wert für Gandhi war die Wahrheit. Er verehrte die Wahrheit als Gott. Sein Konzept der einen wahren Religion befindet sich jenseits aller konkreten Glaubensbekenntnisse. Er hätte keine Religion als die vollkommenste und die größte akzeptieren können. Auch den Hinduismus nicht.

Gandhi war kein blinder Traditionalist. Die Weisheiten der heiligen Schriften nahm er nicht dogmatisch an. Er prüfte sie wie das Gold im Feuer. Seine eigenen Erfahrungen nannte er Experimente mit der Wahrheit. Gandhi war der Gewaltlosigkeit so weit verpflichtet, daß er lieber den Tod des Hinduismus gewünscht hätte, als daß dieser gewalttätig wäre. Ähnliches gilt auch hinsichtlich des unwürdigen Kastenwesens. Vielen Hindus war Gandhi zu europäisch; für die Europäer jedoch war er zu indisch.

Gandhis Hinduismus ist keine ausschließende Religion. Gandhi geht davon aus, daß es nicht nur viele Wohnungen im Hause des Vaters, sondern auch viele Wege dorthin gibt. Er war gegen die religiösen Bekehrungen und glaubte eher an eine vertikale als an eine horizontale Bekehrung. Jeder sollte die höchsten Ideale seiner eigenen Religion realisieren.

Alle Religionen waren für Gandhi wahr, keine war aber absolut wahr. Dies begründete Gandhi mit folgenden Argumenten: Erstens sind die Propheten, die die Gottesbotschaft verkünden, Menschen aus Fleisch und Blut und können die vollkommene Wahrheit nicht durch das unvollkommene Medium vollkommen ausdrücken. Zweitens werden die heiligen Schriften immer wieder von Menschen gedeutet. Es gibt nicht den absoluten Text. Und wenn es ihn gibt, dann muß er ein unendliches Reservoir von Auslegungen sein. Das eine Wahre kann sich nicht in einer einzigen Auslegung eines Textes manifestieren. Eine jede interreligiöse Hermeneutik sollte dies zum Credo erheben.[3]

Das Verhältnis von Macht und Moral ist immer mit Konflikten beladen gewesen. Es gibt zwei Wege, Politik zu betreiben: Entweder politisiert man die Moral, oder man moralisiert die Politik. Gandhi wählte den zweiten Weg. Das heutige Indien politisiert leider die

[3] Vgl. Mall, R. A.: Wahrheit und Toleranz als hermeneutisches Problem. Religionsphilosophische Reflexionen zum Dialog der Religionen. In: Dialog der Religionen, hrsg. von M. von Brück, 3. Jg., Heft 1, 1993, S. 20–36.

Religion. Und dies ist zutiefst zu bedauern. Denn was auf der Strekke bleibt, ist das tolerante religiöse Ethos des Hinduismus.

Gandhi hat den Unabhängigkeitstag als einen Tag der Trauer empfunden. Er fastete an diesem Tage, weil er die politische, religiöse und kulturelle Entwicklung als eine Tragödie sah. Das heutige Indien hätte ihn wohl noch mehr enttäuscht. Für Gandhi hatte die Gewalt viele Formen. Armut war die schlimmste. In diesem Sinne war Gandhi ein „Befreiungstheologe".

Gandhi war ein frommer Hindu, sein Mörder ein Fanatiker und Frömmler. Nicht die Hindu-Orthodoxie ist das Wesentliche an dem Hinduismus Gandhis, sondern die Überzeugung von Toleranz und Gewaltlosigkeit. In den Augen der Hindu-Fanatiker war Gandhi ein heimlicher Christ, ein heimlicher Muslim.

Der Konflikt zwischen dem Hinduismus und dem Islam hat eine sehr lange Geschichte. Selten war er so virulent wie heute. Für manche sollte die tragische Teilung Indiens eine Lösung sein, sie ist aber keine gewesen. Man darf jedoch nicht unterschlagen, daß es gute Zeiten eines harmonischen Miteinanders von Hinduismus und Islam in Indien gegeben hat. Die indische Kultur, so wie sie heute existiert, ist ohne den Beitrag des Islam, besonders auf den Gebieten der Musik und Architektur, kaum denkbar.

Oft hört man in Indien, daß die Hindus und der Hinduismus durch die Jahrhunderte hindurch von den fremden Mächten, Kulturen und Religionen gedemütigt worden sind. Dies mag nicht ganz unzutreffend sein. Aber ebenso wahr ist auch, daß der Hinduismus und die Hindus an diesem ihrem Schicksal nicht ganz unbeteiligt gewesen sind. Auf keinen Fall darf jedoch die frühere Behandlungsweise des Hinduismus durch den Islam als ein Entschuldigungsgrund oder gar Rechtfertigungsgrund für die Untaten im heutigen Indien angeführt werden. Die Frage der religiösen, politischen und kulturellen Toleranz ist nicht die einer Mehrheit. Nach der Unabhängigkeit blühte jedoch der Hindunationalismus in seiner religiös-politischen Prägung und brachte den Keim der Zwietracht mit sich. Alle Mittel sind diesen religiös-politisch motivierten Hinduorganisationen recht.

Was Indien aus dieser Misere retten kann, ist schon in der indischen Verfassung verankert. Es ist nämlich eine säkulare Verfassung, die keine Religion zur Staatsreligion deklariert, keine von ihnen privilegiert und jeder von ihnen die Religionsfreiheit zuerkennt. Gäbe man den Säkularismus auf, so wäre dies gleichbedeutend mit der Aufgabe des Hinduismus an sich, der ja durch die Jahrtausende hindurch für sein Credo: Glauben und glauben lassen! bekannt gewesen ist. Das fanatische Kleid, das manche pseudoreligiöse, politische und bloß nationalistische Organisationen dem Hinduismus heute unter der falschen Maske der eigentlichen Hindureligion (Hindutva) anziehen, ist alles andere als echt hinduistisch.

Über den Autor:

Ram A. Mall, geboren in Indien, studierte Philosophie, Psychologie und Indologie an den Universitäten Kalkutta, Göttingen und Köln. Er promovierte an der Universität Köln (1963) und habilitierte an der Universität Trier (1981). Heute ist er Professor für Philosophie im Fachbereich 9 an der Universität Bremen. Er ist der Präsident der internationalen „Gesellschaft für Interkulturelle Philosophie e. V.“ Seine Interessengebiete sind: Empirismus, Phänomenologie, interkulturelle Philosophie und vergleichende Religionswissenschaft. Einige seiner Bücher sind: Hume's Concept of Man. An Essay in Philosophical Anthropology, Calcutta/New York 1967; Experience and Reason. The Phenomenology of Husserl and its Relation to Hume's Philosophy, Den Haag 1973; Studie zur indischen Philosophie und Soziologie, Meisenheim/Glan 1974; Der operative Begriff des Geistes. Locke, Berkeley, Hume, Freiburg/München 1984; Indische Schöpfungsmythen, Bonn 1982; Mall/Hülsmann: Die drei Geburtsorte der Philosophie. China, Indien, Europa, Bonn 1989; Die Herausforderung. Essays zu Mahatma Gandhi, Hildesheim 1989; Buddhismus – Religion der Postmoderne?, Hildesheim 1990; Philosophie im Vergleich der Kulturen. Interkulturelle Philosophie – eine neue Orientierung, Darmstadt 1995.

LITERATURVERZEICHNIS

Primärliteratur

Acharya, R. S. (Hrsg. u. Übers.): 108 Upanishaden, Bareli 1974 (Sanskrit – Hindi).

Bäumer, B. (Übers.): Befreiung zum Sein. Auswahl aus den Upanishaden, Zürich 1966.

Deussen, P. (Übers.): Sechzig Upanishaden des Veda, Leipzig 1905, Neudruck Bielefeld 1980.

Garbe, R. (Übers.): Die Bhagavadgita, Darmstadt 1988.

Geldner, K. F. (Übers.): Der Rigveda, 4 Bde., Göttingen 1923.

Gupta, A. The Mystic Ascent: Christianity and Bhakti Philosophy, in: Interculturality of Philosophy and Religion, ed. by G. D'Souza, Bangalore 1996.

Jha, G.: Manu-Smriti. Translation and Notes, Calcutta 1920–26.

Jolly, Julius, (Übers.): Nāradiya Dharmashāstra, or the Institutes of Nārada, London 1876.

Kane, Pandurang Vaman: History of Dharmashāstra (Ancient and Medieval Religious and Civil Law in India), 4 vols., Bombay 1930–53.

Kaushika, G. P. (Hrsg. u. Übers.): Rig Veda, 3 Bde., Mathura 1968 (Sanskrit – Hindi).

–: Sāmaveda, Mathura 1968 (Sanskrit – Hindi).

–: Yajurveda, Mathura 1968 (Sanskrit – Hindi).

–: Atharvaveda, Mathura 1968, 2 Bde. (Sanskrit – Hindi).

Mahābhārata, hrsg. von B. Roy, Köln 1961.

Mangoldt, U. v. (Übers.): Shankara. Das Kleinod der Unterscheidung, Bern 1981.

Radhakrishnan, S. (Ed. with Introduction, Text, Translation and Notes): Bhagavad-Gitā, London 1948 (dt. von S. Lienhard, Baden-Baden 1958).

– (Ed. with Introduction, Text, Translation and Notes): Principal Upanishads, London 1953.

Saraswati, D. S.: Satyārtha Prakāsha, Allahabad 1947.

Schang, D. (Übers.): Narada. Bhakti Sutras, Stühlingen 1980.

Shāstri, H. (Hrsg. u. Übers.): Manusmriti, Varanasi 1970.

Sekundärliteratur

Abhedānanda, S. The Sayings of Ramakrishna, Calcutta 1946.

–: Attitude of Vedanta towards Religion, Calcutta 1947.

Abs, P. J.: Indiens Religion, Sanātana Dharma. Eine Darstellung des Hinduismus, Bonn 1923.
Andrews, C. F.: Mahatma Gandhi's Ideas, London 1929.
Aurobindo, Sri: Essays on Gita, New York 1950.
–: Der integrale Yoga, Hamburg 1957.
–: Die Grundlagen der indischen Kultur, Gladenbach 1984.
Bahm, A. J.: The World's Living Religions, London 1964.
Basham, A. L.: The Wonder that was India, London ³1985.
Bhandarkar, R. G.: Vaishnavism, Shaivism and Minor Religious Sects, Straßburg 1913.
Bhattacharyya, H. (Ed.): The Cultural Heritage of India, The Religions, vol. IV, Calcutta 1956.
Benjamin, W.: Hindu World. An Encyclopedic Survey of Hinduism, 2 vols., London 1968.
Bernhardt, R.: Interreligiöse Bilder und Gleichnisse, in: Dialog der Religionen, 3. Jg., 1/93.
– (Hrsg.): Horizontüberschreitung. Die pluralistische Theologie der Religionen, Gütersloh 1991.
Blache, J., u. a.: Die Wege des Yoga. Die Grundgedanken der großen Schulen der Yoga-Tradition, Bern 1990.
Brück, M. v.: Die Zusammenarbeit zwischen Christen und Hindus – dargestellt am Beispiel Indien, in: Concilium, 22. Jg., 1986.
–: Wahrheit und Toleranz im Dialog der Religionen, in: Dialog der Religionen, 3. Jg., 1/93.
Bose, N. K.: Selections from Gandhi, Ahmedabad 1950.
Carpenter, J. E.: Theism in Medieval India, London 1921.
Chatterji, P.: Studies in Comparative Religion, Calcutta 1972.
Chenakesavan, S.: A Critical Study of Hinduism, Delhi 1980.
Das, B.: The Essential Unity of All Religions, Madras 1940.
Dasgupta, S.: Yoga as Philosophy and Religion, Delhi 1924 (1987).
Desmukh, P. S.: The Origin and Development of Religion in Vedic Literature, London 1933.
Dowson, J.: A Classical Dictionary of Hindu Mythology and Religion, London ⁷1950.
Dumont, L.: Homo Hierarchicus. The Cast System and its Implications, London 1970.
Eidlitz, W.: Der Glaube und die heiligen Schriften der Inder, Freiburg i. Br. 1957.
–: Der Sinn des Lebens. Der indische Weg zur liebenden Hingabe, Freiburg i. Br. 1974.
–: Die indische Gottesliebe, Olten 1955.
–: A Primer of Hinduism, London 1912.
Eliade, M.: Die Sehnsucht nach dem Ursprung, Wien 1973.
–: Die Religionen und das Heilige, Salzburg 1954.
Ellinger, H.: Hinduismus, Lünen 1989.

Farquhar, J. N.: Modern Religious Movement in India, New York 1915.
Frauwallner, E.: Geschichte der indischen Philosophie, 2 Bde., Salzburg 1953/56.
Gandhi, M. K.: Hindu Dharma. Ed. by B. Kumarrappa, Ahmedabad 1950.
–: All Religions are True, Bombay 1962.
–: Young India 1922 ff.
Geldner, E. K.: Der Rigveda, 3 Bde., Göttingen 1923 ff.
Glasenapp, H. v.: Die fünf Weltreligionen, Düsseldorf ²1967.
–: Der Hinduismus. Religion und Gesellschaft im heutigen Indien, München 1922.
–: Religionen Indiens, Stuttgart ²1956.
–: Die Philosophie der Inder, Stuttgart ³1974.
–: Von Buddha zu Gandhi, Wiesbaden 1962.
Gonda, J.: Die Religionen Indiens, 2 Bde., Stuttgart 1960–63.
Hacker, P.: Religiöse Toleranz und Intoleranz im Hinduismus, in: Saeculum VIII, 1957.
Halbfas, H.: Fundamentalkatechetik, Düsseldorf ³1970.
Halbfass, W.: Tradition and Reflection: Explorations in Indian Thought, New York 1991.
Heer, F.: Hegel: Auswahl und Einleitung, Frankfurt a. M. 1955.
Hiriyanna, M.: Vom Wesen der indischen Philosophie, München 1990.
Hohenberger, A.: Ramanuja. Ein Philosoph indischer Gottesmystik, Wiesbaden 1960.
Hopkins, E. W.: The Religion of India, Boston 1895.
Hume, R. E.: The Thirteen Principal Upanishads, Oxford 1951.
Humphreys, Chr.: Karma und Wiedergeburt, Bern 1980.
Isherwood, C.: Ramakrishna and His Disciples, Calcutta 1965.
Jacobi, H.: Mahābhārata, Bonn 1903.
–: Das Rāmāyana, Bonn 1893.
Jaspers, K.: Der philosophische Glaube, München ⁷1981.
– und Bultmann, R.: Die Frage der Entmythologisierung, München 1954.
Jolly, J., and Schmidt, R. (Eds.): Arthashāstra of Kautilya, 2 vols., Lahore 1923–24.
Kane, P. v.: History of Dharma-Shāstra, vols. I–IV, Poona 1930–62.
Kant, I.: Grundlegung zur Metaphysik der Sitten, Bd. 41 Philos. Bibl., Hamburg 1965.
Keith, A. B.: The Religion and Philosophy of the Vedas and Upanishads, Cambridge 1925.
Knitter, P. F.: No Other Name? A Critical Survey of Christian Attitudes toward the Worldreligion, New York 1986.
Küng, H., u. Stietencron, H. v.: Hinduismus, Gütersloh 1987.
–: Projekt Weltethos, München 1990.
Lemaître, S.: Der Hinduismus oder Sanātana Dharma, Aschaffenburg 1958.
Lin Yutang (Hg.): Lao Tse, Hamburg 1955.
Löwith, K.: Weltgeschichte und Heilsgeschehen, Berlin 1953.

Mall, R. A.: Indische Schöpfungsmythen, Bonn 1982
–: Studie zur indischen Philosophie und Soziologie, Meisenheim a. Glan 1974.
–: Die Herausforderung – Essays zu Mahatma Gandhi, Hildesheim 1989.
–: Buddhismus – Religion der Postmoderne?, Hildesheim 1990.
–: Philosophie im Vergleich der Kulturen. Interkulturelle Philosophie – eine neue Orientierung, Darmstadt 1995.
-: Interkulturalität und Interreligiosität, in: Verantwortlich leben in der Weltgemeinschaft, hrsg. von J. Rehm, Gütersloh 1994.
–: Zum Dialog der Religionen – Gedanken zum Hinduismus und Buddhismus, in: Aufbruch in die Zukunft – Arbeit an den Fundamenten, hrsg. von H. Weber, Bonn 1996.
–: Wahrheit und Toleranz als hermeneutisches Problem. Religionsphilosophische Reflexionen zum Dialog der Religionen, in: Dialog der Religionen, 3. Jg. 1/93.
Mani, V.: Puranic Encyclopedia, Delhi 1984.
Masih, Y.: A Comparative Study of Religion, New Delhi 1990.
Mehta, J. L.: India and the West: The Problem of Understanding, California 1985.
Mehta, P. D.: Early Indian Religious Thought, London 1956.
Monier-Williams, M.: Hinduism, Nachdruck Calcutta 1951.
Morgan, K. W. (Ed.): The Religion of the Hindus, Delhi 1987.
Mukerji, B.: Die Rolle des Christentums im hinduistischen Denken, in: Concilium, 22. Jg., 1986.
Nikhilananda, S.: Essence of Hinduism, New York 1946.
– (Tr.): The Gospel of Sri Ramakrishna, Madras 1947.
Otto, R.: Die Gnadenreligion Indiens und das Christentum, 1930.
Panikkar, R.: Religionen und die Religion, München 1965.
–: Religious Pluralism: The Metaphysical Challenge, in: Interculture, XXIII, 1990.
–: Die vielen Götter und der eine Herr, Weilheim 1963.
Parriender, G.: Comparative Religion, London 1962.
Platon: Politeia, übersetzt von F. Schleiermacher, Hamburg 1958.
Radhakrishnan, S.: Die Gemeinschaft des Geistes, 1952.
–: Die Lebensanschauung der Hindus, Leipzig 1928.
–: Indische Philosophie, Bd. 1, Baden-Baden.
– and Moore, C. A.: A Sourcebook of Indian Philosophy, New York 1973.
Raychaudhuri, H. C.: Early History of Vaishnava Sect, Calcutta 1926.
Renou, L.: Der Hinduismus, Genf 1972.
Saradananda, S.: Sri Ramakrishna. The Great Master, Madras 1956.
Sastri, S.: History of Brahmo Samāj, 2 vols., Calcutta 1911–12.
Schärer, H.: Die Gottesidee der Ngadja Dayak in Süd-Borneo, Leiden 1946.
Schrader, F. O.: Der Hinduismus, Tübingen 1929.
Schreiner, P.: Begegnung mit dem Hinduismus, Freiburg i. Br. 1984.
Schweitzer, A.: Die Weltanschauung der indischen Denker, Bd. 1 b, Berlin 1971.

Sen, K. M.: Hinduism, Penguin Books, London.
Sharma, D. S.: A Primer of Hinduism, Madras 1929.
–: The Renaissance of Hinduism, Benares 1944.
–: Hinduism through the Ages, Bombay 1956.
Silesius, A.: Sämtliche poet. Werke, 3 Bde., 1949–52.
Soni, J.: Die Karma- und Wiedergeburtstheorie im indischen Denken, in: Spirita, Zeitschrift für Religionswissenschaft, 1995
Stutley, M.: Was ist Hinduismus?, Bern 1994.
Tagore, R.: The Religion of Man, London 1931 (dt. Die Religion des Menschen, Freiburg i. Br. 1962).
–: Boundless Sky, Calcutta 1964.
Tiwari, K. N.: Comparative Religion, Delhi 1987.
Troeltsch, E.: Die Absolutheit des Christentums, München 1969.
Vivekananda, S.: Hinduism, Madras 1963.
–: Jñāna Yoga, Calcutta 1961.
–: Erkenntnisse des Hinduismus, Wien 1953.
Waligora, M.: Das Tal der Sachlichkeit, Albert Schweitzer über Indien, in: Conceptus, Jg. XXV, 1991.
Weizsäcker, C. F. v.: Der Garten des Menschlichen, München 1977.
Winternitz, M.: Rabindranath Tagore. Religion und Weltanschauung des Dichters, Prag 1936.
Zaehner, R. C.: Hinduism, Oxford 1962 (dt. Der Hinduismus, Gütersloh ^{2}1979).

REGISTER

Personen

Sachen